本书由
中央高校建设世界一流大学（学科）
和特色发展引导专项资金
资助

中南财经政法大学"双一流"建设文库

中｜国｜经｜济｜发｜展｜系｜列

交叉持股与国企改革

曾辰航　王凤生　王　燕　著

中国财经出版传媒集团
经济科学出版社
Economic Science Press

图书在版编目（CIP）数据

交叉持股与国企改革/曾辰航，王凤生，王燕著．
—北京：经济科学出版社，2019.12
（中南财经政法大学"双一流"建设文库）
ISBN 978-7-5218-1173-5

Ⅰ.①交⋯　Ⅱ.①曾⋯②王⋯③王⋯　Ⅲ.①国有企业－股份制－研究－中国　Ⅳ.①F279.241

中国版本图书馆 CIP 数据核字（2019）第 289561 号

责任编辑：孙丽丽　撒晓宇
责任校对：蒋子明　靳玉环
版式设计：陈宇琰
责任印制：李　鹏　范　艳

交叉持股与国企改革

曾辰航　王凤生　王　燕　著
经济科学出版社出版、发行　新华书店经销
社址：北京市海淀区阜成路甲 28 号　邮编：100142
总编部电话：010-88191217　发行部电话：010-88191522
网址：www.esp.com.cn
电子邮箱：esp@esp.com.cn
天猫网店：经济科学出版社旗舰店
网址：http://jjkxcbs.tmall.com
北京季蜂印刷有限公司印装
787×1092　16 开　13.75 印张　220000 字
2019 年 12 月第 1 版　2019 年 12 月第 1 次印刷
ISBN 978-7-5218-1173-5　定价：55.00 元
(图书出现印装问题，本社负责调换。电话：010-88191510)
(版权所有　侵权必究　打击盗版　举报热线：010-88191661
QQ：2242791300　营销中心电话：010-88191537
电子邮箱：dbts@esp.com.cn)

总 序

"中南财经政法大学'双一流'建设文库"是中南财经政法大学组织出版的系列学术丛书,是学校"双一流"建设的特色项目和重要学术成果的展现。

中南财经政法大学源起于1948年以邓小平为第一书记的中共中央中原局在挺进中原、解放全中国的革命烽烟中创建的中原大学。1953年,以中原大学财经学院、政法学院为基础,荟萃中南地区多所高等院校的财经、政法系科与学术精英,成立中南财经学院和中南政法学院。之后学校历经湖北大学、湖北财经专科学校、湖北财经学院、复建中南政法学院、中南财经大学的发展时期。2000年5月26日,同根同源的中南财经大学与中南政法学院合并组建"中南财经政法大学",成为一所财经、政法"强强联合"的人文社科类高校。2005年,学校入选国家"211工程"重点建设高校;2011年,学校入选国家"985工程优势学科创新平台"项目重点建设高校;2017年,学校入选世界一流大学和一流学科(简称"双一流")建设高校。70年来,中南财经政法大学与新中国同呼吸、共命运,奋勇投身于中华民族从自强独立走向民主富强的复兴征程,参与缔造了新中国高等财经、政法教育从创立到繁荣的学科历史。

"板凳要坐十年冷,文章不写一句空",作为一所传承红色基因的人文社科大学,中南财经政法大学将范文澜和潘梓年等前贤们坚守的马克思主义革命学风和严谨务实的学术品格内化为学术文化基因。学校继承优良学术传统,深入推进师德师风建设,改革完善人才引育机制,营造风清气正的学术氛围,为人才辈出提供良好的学术环境。入选"双一流"建设高校,是党和国家对学校70年办学历史、办学成就和办学特色的充分认可。"中南大"人不忘初心,牢记使命,以立德树人为根本,以"中国特色、世界一流"为核心,坚持内涵发展,"双一流"建设取得显著进步:学科体系不断健全,人才体系初步成型,师资队伍不断壮大,研究水平和创新能力不断提高,现代大学治理体系不断完善,国际交流合作优化升级，综合实力和核心竞争力显著提升，为在 2048 年建校百年时，实现主干学科跻身世界一流学科行列的发展愿景打下了坚实根基。

"当代中国正经历着我国历史上最为广泛而深刻的社会变革，也正在进行着人类历史上最为宏大而独特的实践创新"，"这是一个需要理论而且一定能够产生理论的时代，这是一个需要思想而且一定能够产生思想的时代"[①]。坚持和发展中国特色社会主义，统筹推进"五位一体"总体布局和协调推进"四个全面"战略布局，实现"两个一百年"奋斗目标、实现中华民族伟大复兴的中国梦，需要构建中国特色哲学社会科学体系。市场经济就是法治经济，法学和经济学是哲学社会科学的重要支撑学科，是新时代构建中国特色哲学社会科学体系的着力点、着重点。法学与经济学交叉融合成为哲学社会科学创新发展的重要动力，也为塑造中国学术自主性提供了重大机遇。学校坚持财经政法融通的办学定位和学科学术发展战略，"双一流"建设以来，以"法与经济学科群"为引领，以构建中国特色法学和经济学学科、学术、话语体系为己任，立足新时代中国特色社会主义伟大实践，发掘中国传统经济思想、法律文化智慧，提炼中国经济发展与法治实践经验，推动马克思主义法学和经济学中国化、现代化、国际化，产出了一批高质量的研究成果，"中南财经政法大学'双一流'建设文库"即为其中部分学术成果的展现。

文库首批遴选、出版二百余册专著，以区域发展、长江经济带、"一带一路"、创新治理、中国经济发展、贸易冲突、全球治理、数字经济、文化传承、生态文明等十个主题系列呈现，通过问题导向、概念共享，探寻中华文明生生不息的内在复杂性与合理性，阐释新时代中国经济、法治成就与自信，展望人类命运共同体构建过程中所呈现的新生态体系，为解决全球经济、法治问题提供创新性思路和方案，进一步促进财经政法融合发展、范式更新。本文库的著者有德高望重的学科开拓者、奠基人，有风华正茂的学术带头人和领军人物，亦有崭露头角的青年一代，老中青学者秉持家国情怀，述学立论、建言献策，彰显"中南大"经世济民的学术底蕴和薪火相传的人才体系。放眼未来、走向世界，我们以习近平新时代中国特色社会主义思想为指导，砥砺前行，凝心聚

[①] 习近平：《在哲学社会科学工作座谈会上的讲话》，2016 年 5 月 17 日。

力推进"双一流"加快建设、特色建设、高质量建设，开创"中南学派"，以中国理论、中国实践引领法学和经济学研究的国际前沿，为世界经济发展、法治建设做出卓越贡献。为此，我们将积极回应社会发展出现的新问题、新趋势，不断推出新的主题系列，以增强文库的开放性和丰富性。

"中南财经政法大学'双一流'建设文库"的出版工作是一个系统工程，它的推进得到相关学院和出版单位的鼎力支持，学者们精益求精、数易其稿，付出极大辛劳。在此，我们向所有作者以及参与编纂工作的同志们致以诚挚的谢意！

因时间所囿，不妥之处还恳请广大读者和同行包涵、指正！

中南财经政法大学校长

前　言

混合寡头理论自20世纪80年代诞生以来，逐渐成为国际经济学界研究国有企业改革问题的主流框架之一。本书通过梳理交叉持股理论和混合寡头理论的演化脉络，重点探讨混合所有制经济研究中的最优国有资本比例，税收、补贴等政策与混合所有制改革的关系，以及外资持股对混合所有制改革的影响等问题。在混合寡头理论中，生产成本、企业数量、产品差异、跨国竞争、政府补贴、外资持股以及市场准入壁垒等都会影响混合所有制改革中最优的国有资本比重。鉴于我国正在推进混合所有制改革，在国内学界推广混合寡头理论，使这个国际主流理论体系得到"中国经验""中国模式"的反馈和滋润，具有现实基础和理论意义。

本书旨在梳理相关理论的演化进程，帮助读者构筑经济学思维，规范经济学分析，深层次地理解交叉持股与国企改革的内在机理，并进一步为我国混合所有制改革提供一个较为系统的理论框架。本书的特色主要有以下几点。

首先，本书的第二章～第五章系统地梳理了交叉持股的理论文献，并研究交叉持股对市场竞争和政府政策的影响。目前中国正处于供给侧结构性改革的关键阶段，很多行业面临着企业资源重组，交叉持股行为将更为普遍，且很多分布于垂直双边市场中。然而，企业之间的交叉持股行为是一把双刃剑。一方面，交叉持股使得参与的企业之间形成了关系密切的利益共同体，加强了企业之间在新产品的研发、生产以及营销等方面的联系，大大地降低了企业间的交易成本，有利于企业之间形成战略协同效应。另一方面，交叉持股可能导致企业之间的反竞争行为，造成垄断联合、牟取垄断利润甚至形成行业垄断，从而不利于消费者与社会福利的提升以及市场的长久发展。因此，对企业交叉持股的相关研究有助于明晰怎样的交叉持股结构能够促进企业公平竞争，以保障中国各产业的可持续发展。

其次，本书的第六章~第九章是在混合寡头市场结构中研究不同产业和市场政策下国有企业的私有化策略。按照发展主体划分，混合所有制改革包括以国有企业为主导和以民营企业为主导两种具体实施路径。这一部分主要研究的是以国有企业为主导的混合所有制改革，即混合所有制改革中国有企业应该"混"入多少民营资本的问题。一方面，一些研究认为国有产权是导致国有企业效率低下的根源所在，因此需要对国有企业进行私有化改革；另一方面，部分观点认为，国有企业承担着提升社会福利的责任，国有企业的存在符合社会公众的利益需求，从这点来看，国有企业效率并不必然低于民营企业。因此，在混合所有制改革尤其是国有资本引入民营资本后，如何选择最优国有资本比例以实现国有企业运行效率与民营资本发言权的平衡，对于顺利攻破国企改革的关键突破口，做大做强国有企业，培育具有全球竞争力的一流企业意义重大。

最后，本书的第十章~第十二章在交叉持股（包括外资持股）背景下，探讨不同政策下的最优国有企业私有化策略。通过交叉持股来引入非国有资本（包括国外资本），一方面有助于实现行业内国有与非国有资本融合，通过取长补短盘活国有资产，并减少不必要的交易成本从而激发市场活力；另一方面则会对行业竞争产生重要影响，推进混合所有制改革所导致的产量和价格变化很可能不利于社会福利的提升。交叉持股下这种民营企业和国有企业博弈对社会福利产生的影响也是政府规制面临的问题。

在本书的编著过程中，首先，我们感谢中南财经政法大学"双一流"建设文库项目和中南财经政法大学中央高校基本科研业务专项资金的资助，以及文澜学院领导和同事的支持。其次，本书在内容选择、结构安排及文字校对方面得到了中南财经政法大学金融学院博士生连旭蓓、文澜学院硕士研究生张启迪、倪子晴，及本科生夏梦圆、韩亚萍、陈俊霖、余玥、黄婧颐的帮助，在此深表谢意。最后，特别感谢经济科学出版社的编辑，他们的辛勤劳动使得本书的出版从计划变为现实。

作者
2019年7月12日

目 录

第一章　导论
　　第一节　研究背景　2
　　第二节　相关概念的界定和说明　5
　　第三节　研究内容和结构安排　13
　　第四节　相关文献梳理　16

第二章　交叉持股与进入遏制
　　第一节　引言　28
　　第二节　基本模型　29
　　第三节　均衡分析　30
　　第四节　结论　34
　　本章附录　35

第三章　交叉持股技术授权
　　第一节　引言　38
　　第二节　基本模型　40
　　第三节　技术授权理论分析　42
　　第四节　两种技术授权的比较　46
　　第五节　结论　50
　　本章附录　52

第四章　外资持股与过度进入
　　第一节　引言　54

第二节　基本模型　　　　　　　　　　　56
　　第三节　均衡结果和比较静态分析　　　　57
　　第四节　市场进入和社会效率　　　　　　60
　　第五节　结论　　　　　　　　　　　　　61

第五章　外资持股与关税政策
　　第一节　引言　　　　　　　　　　　　　64
　　第二节　基本模型　　　　　　　　　　　65
　　第三节　差异性关税政策　　　　　　　　66
　　第四节　股权比例和生产效率　　　　　　71
　　第五节　结论　　　　　　　　　　　　　72
　　本章附录　　　　　　　　　　　　　　　74

第六章　国企垄断与竞争政策
　　第一节　引言　　　　　　　　　　　　　76
　　第二节　基本模型　　　　　　　　　　　77
　　第三节　结论　　　　　　　　　　　　　81

第七章　国企私有化与补贴政策
　　第一节　引言　　　　　　　　　　　　　84
　　第二节　基本模型　　　　　　　　　　　86
　　第三节　最优政策　　　　　　　　　　　90
　　第四节　结论　　　　　　　　　　　　　94
　　本章附录　　　　　　　　　　　　　　　96

第八章　国企私有化与产业政策
　　第一节　引言　　　　　　　　　　　　　104
　　第二节　基本模型　　　　　　　　　　　108
　　第三节　模型解析　　　　　　　　　　　109

  第四节 结论 116

第九章 国企私有化与技术授权
  第一节 引言 120
  第二节 基本模型 121
  第三节 国内民营企业的进入 125
  第四节 国外民营企业的进入 128
  第五节 结论 130
  本章附录 132

第十章 交叉持股、预算约束与国企私有化
  第一节 引言 138
  第二节 基本模型 140
  第三节 无预算约束 141
  第四节 存在预算约束 143
  第五节 福利分析 147
  第六节 结论 148
  本章附录 149

第十一章 外资持股与国企私有化
  第一节 引言 152
  第二节 基本模型 154
  第三节 最优私有化水平 156
  第四节 线性需求 161
  第五节 结论 164
  本章附录 166

第十二章 外资持股、公共资金成本与国企私有化
  第一节 引言 170

第二节	基本模型	172
第三节	外资持股、私有化与社会福利	174
第四节	政策选择比较与社会福利	182
第五节	结论	183
本章附录		184

参考文献　　　　　　　　　　　　　　　　　　　　188

第一章 导 论

第一节 研究背景

发展混合所有制经济是深化国有企业改革的重要举措。国有企业作为国有经济的基本载体，是国民经济的重要支柱。从20世纪80年代开始，国有企业改革就是中国经济领域改革的重头戏，从早期的放权让利，到后来的承包制、股份制改革，改革的深化过程中一直伴随着混合所有制改革。从宏观视角看，中国政府一直鼓励民营经济发展，民营经济几乎遍及一切竞争性领域，成为中国国民经济的重要组成部分。从微观视角看，混合所有制体现在股权结构上，本质上是国有资本和非国有资本的融合，它既保持了公有制的基本属性，又不排斥其他所有制的存在，并能按照市场原则进行，是社会主义经济与市场经济在企业内部结合的体现。1997年党的十五大报告首次提出"混合所有制"的概念，至近年来混合所有制却再次引起热议，主要原因在于国有企业面临两权不分、政企不分、社企不分、党企不分的"四不分离"困境，导致改革进入深水区，而混合所有制有望成为深化国有企业改革的突破口。一方面，发展混合所有制，引入非国有资本，能够解决国有资本与市场经济结合的难题，促进国有企业市场化，实现从行政型治理向经济型治理转型，进而政企逐步彻底分开，使企业真正成为市场主体；另一方面，国有资本与非国有资本相互融合，有利于放大国有资本的控制力和影响力，提高国有资本的流动性，促进国有资产的优化配置，同时不同性质的资本取长补短，相互促进，产生协同效应，提升企业的核心竞争力。此外，混合所有的股权结构还为非国有资本进入国有企业的特定业务领域提供了渠道，为非国有资本创造了新的投资机会，有利于进一步实现资本市场的公平和公开。

一系列政府文件的出台将混合所有制改革赋予前所未有的高度，定位为深化国企改革的重要举措。2015年以来，中央陆续发布了《中共中央、国务院关于深化国有企业改革的指导意见》《关于国有企业发展混合所有制经济的意见》等多个配套文件，都有涉及或者专门内容力推国有企业混合所有制改革。2017

年的政府工作报告更为具体地提出要"深化混合所有制改革,在电力、石油、天然气、铁路、民航、电信、军工等领域迈出实质性步伐"。党的十九大报告进一步强调要"发展混合所有制经济",而且明确要"全面实施市场准入负面清单制度,清理废除妨碍统一市场和公平竞争的各种规定和做法,支持民营企业发展,激发各类市场主体活力"。可以预见,随着"负面清单"制度的建立,在守住国有经济发展底线和红线的基础上,十九大后国有企业引入非国有资本特别是民营资本发展混合所有制企业的力度会进一步加大。

2013年中共十八届三中全会明确提出,以国有资本、集体资本、非公有资本等交叉持股方式进行混合所有制改革是发展混合所有制经济,深化国企改革的重要实现形式。许多学者认为,中国现阶段的经济形势,包括交叉持股的发展程度与日本20世纪80年代有很多相似之处。具体而言,我国企业的交叉持股源于国有企业的股份制改革,交叉持股的正式出现可以追溯到1993年。中共十四届三中全会于1993年通过了《中共中央关于建立社会主义市场经济体制的若干问题的决定》,同年12月出台了《公司法》,形成了国有独资、国有控股或国有参股等不同类型的企业。国有企业为了解决资金短缺,开始上市融资,国有企业间交叉持股成为防止国有资产流失的一个普遍做法。交叉持股被认为是多样化国有企业股权结构的最有效的方法。我国政府从1987年开始就提出要多样化国有企业股权结构,后来又相继提出"抓大放小"的政策,通过交叉持股,使得企业重组成企业集团以增加企业竞争力。国务院国有资产监督管理委员会也在2004年和2008年前后相继提出"应鼓励央企之间、央企与地方企业间相互持股、上下游企业相互参股"。从具体的实施看,自2016年开始,国有企业间的交叉持股现象不断出现,构成了国有企业改革的一个重要方向。

交叉持股通常具有实现企业之间的战略协作、防御敌意收购、降低企业成本并形成风险分担的利益机制等积极作用,这也是国家和政府鼓励并支持企业交叉持股的原因所在。国企改革中引入混合所有制,实现国有资本与民营资本等非国有资本交叉持股、相互融合,可以将国有资本的资本优势与民营资本的灵活市场机制优势合二为一,从而产生"$1+1>2$"的治理效果。理论上来说,交叉持股使得参与的企业之间形成了"你中有我、我中有你"的股权结构,从而在企业间建立起一种相互渗透、交融的关系,这种股权关系或机制使企业之间形成了关系密切的利益共同体。这种利益关联加强了企业之间在新产品的研发、生产以及营销等方面的联系，大大地降低了企业间的交易成本，减弱外部因素对企业的冲击力，使这些企业为了共同的长远利益战略而合作。事实上，2005年股权分置改革开始后，出现了大量企业（尤其上市公司）之间交叉持股的现象，现已几乎渗透到我国的各个行业。例如，截止到2016年底，包括新三板公司在内，中国有上市公司12 189家，从2004年12月至2016年6月，被其他企业交叉持股的上市公司共有2 990家，占上市公司总数的24.53%[①]。

然而，企业合谋、利益输送等潜在问题是交叉持股的重大弊端，由此带来的公司治理结构、市场竞争结构等问题必须引起足够重视。企业若获得其竞争对手的股权后，会意识到自身的决策与竞争对手决策的相互影响，这种顾虑使得企业间的竞争程度有所下降。最直接的影响是将导致企业之间反竞争的行为，使得交叉持股的企业之间易于形成通过控制产量以达到操纵市场价格的协议。这在一定程度上保护了效率低下的企业，扼杀了优胜劣汰的竞争机制，从而不利于消费者及社会福利，对市场的长久发展也将产生很大的副作用。比如20世纪90年代，日本由于交叉持股所引起的"泡沫经济"破灭之后，带来长达十年的经济低迷期，有很大一部分原因就是交叉持股的反竞争效应使得市场失去了原有的活力。另外，通过交叉持股这种金融联系既可能分散金融风险也可能成为传导或扩散金融冲击的渠道，影响金融系统的稳定性。因此，为了保障我国各产业的可持续发展，促进产业内企业的长期有效竞争和产业的及时升级，并科学开展国有企业的混合所有制改革，迫切需要从理论与经验上系统梳理产业中企业交叉持股的竞争效应的研究结论，以便明晰怎样的交叉持股结构能够促进企业竞争，以及交叉持股的国有企业如何进行策略调整，才能既避免国有资产流失，提高民营企业的积极性。

基于前文分析，在以交叉持股为主要实施方式的混合所有制改革过程中，如何权衡国有资本最优比例以实现社会合意的市场结构，是现阶段或将来中国混合所有制改革实践中难以避免的重大理论问题。前文谈到的是混合所有制改革中国有资本和民营资本要不要"混"的问题。在此基础上，另一重要话题则是国有企业应该"混"入多少民营资本的问题。事实上，混合寡头理论先后针对这两个问题进行了较深入的探讨。松村（Matsumura，1998）、松岛和松村

---

① 数据来源：万得和锐思金融数据库。

（Matsushima and Matsumura，2003）、松村和松岛（2004）等关于混合所有制改革的开创性研究均表明，只要国有企业面临来自民营企业的挑战，无论后者的市场势力多么弱小，对在位寡头国有企业进行混合所有制改造总能提升社会总福利，就是社会合意的改革路径。回答了国有企业是否应该进行混合所有制改革的问题之后，到底国有企业应该"混"入多少民间资本呢？已有大量理论研究表明，生产成本、在位企业数量、产品质量差异、跨国竞争（外资进入）、财政补贴以及市场准入壁垒等多种因素都会影响混合所有制改革中的最优国有资本比重（陈林和王凤生，2017）。例如，理论上，混合所有制改革的突破口是股权结构的变革，非国有股东的引入可以在一定程度上影响国有股东的行为。外资股东是完善的制度要素的代言人，引入外资股东有助于公司治理机制的改善和代理成本的降低，而民营股东的逐利天性也有助于抑制企业承担政策性负担。那么，如果引入非国有资本，其优序选择是什么？非国有资本的最优持股比例是多少？不同性质的非国有股东对国有股东的制衡作用是否相同？当前我国国企改革着重围绕国有股权管理制度的放松、由管资产向管资本转变以及降低杠杆率等方面展开，实质上已步入改革深水区，国企资本运作成为当前国企调整资产/股权结构的主要手段。在此背景下，是否能够因地制宜、因行业制宜地为不同市场环境下的最优国有资本比重选择提供一个较为系统的理论支撑，对于进一步推动国企改革，促进我国迈向高质量发展之路意义重大。

第二节　相关概念的界定和说明

一、交叉持股的概念界定

交叉持股（cross holdings）是指两个或两个以上的企业之间为实现某种特定目的，相互持有对方的股份，从而形成企业法人之间彼此互为投资者的一种经济现象。

交叉持股大约在20世纪中期出现，60年代末至90年代在日本、韩国和欧洲等国家和地区不断发展。典型的例子包括：在美国，西北航空公司于1998年获得大陆航空公司14%的股权，形成了强大的航空联盟。以日本汽车制造业为例，在1970~1990年，涉及交叉持股的汽车制造公司高达8家。其中，丰田汽车（Toyota Motor）、日野汽车公司（Hino Motor）和大发汽车公司（Daihatsu Motor）两两互相持股，持股比例从0.13%~16.05%不等；日产汽车公司（Nissan Motor）和富士重工（Fuji Heavy Industries）之间相互持股，同时日产汽车公司单边持有裕佳汽车公司（Nissan Diesel Motor）39.82%的股份；五十铃汽车公司（Isuzu Motors）和铃木汽车公司（Suzuki Motor）之间互相持有2.32%和1.07%的股份。

当前，交叉持股在亚洲和欧美等地区仍然广泛存在，其形式也日益多样化。但由于法律约束不同，交叉持股在各国应用的广泛程度和深度亦迥乎异同，因而也带来了许多新问题，引起了各国政府的关注。例如，英国天空广播集团2006年宣布获得英国独立电视公司17.9%的股份，由于当时英国竞争委员会认为这样的收购会显著地减少竞争，因此要求英国天空广播集团将其取得的股份降低到7.5%以下。

在中国，企业的交叉持股植根于国有企业的股份制改革，并形成于20世纪90年代初。当时就有学者指出交叉持股是国有企业股权结构治理最有效的方法，建立法人相互持股关系，可实现用较少的资金在较大程度上解决企业向股份公司过渡的问题。为了解决国有企业"一股独大"等问题，国资委于2004年开始逐步开展国有企业股权多元化举措，提出中央和地方企业可以相互交叉持股。尤其2005年股权分置改革完成后，交叉持股现象越来越普遍。例如，在我国航空业，国航与国泰航空2006年签订股权协议，通过"星辰计划1.0"，"星辰计划2.0"实现了交叉持股，交叉持股将国航和国泰航空的利益和目标紧密地结合在一起，有效地规避了两者的业内竞争，促进两者构建更紧密的业务合作关系，对两者的战略布局也有很大好处（冉明东，2011）。

二、交叉持股的类型

从不同的视角出发，交叉持股可以划分为不同的类型。

基于持股结构，企业间的交叉持股可以划分为单边持股、双边持股和多边持股。单边持股是指某企业持有目标企业的股份，而目标企业并不持有该企业的股份的情形；双边持股是指企业之间互相持有股份的情形；多边持股则通常涉及三个及以上企业之间的多边关系，同时也包含了企业通过持有目标企业的股份而间接持有该目标企业所持股的第三方企业的股份的情况。

基于市场的关联性，我们可以将交叉持股分为非关联性交叉持股与关联性交叉持股。非关联性交叉持股表明持股人与目标企业之间无产业关联，如林华（2006）指出的制造业企业与证券公司的交叉持股；关联性交叉持股则表明，持股人与目标企业之间具有一定的产业关联，而根据产业关联的具体形式，我们又可以将关联性交叉持股分为横向交叉持股和纵向交叉持股。横向交叉持股指同行业直接竞争的企业间的交叉持股，如吉列公司1990年持有英国威尔金森道具公司22.9%的股份，又如微软公司于1997年8月获得苹果公司约7%的优先股和1999年6月获得Borland软件公司10%的股份；西北航空公司1998年获得大陆航空公司14%的股权；在德国，意大利等许多欧洲国家，银行间的交叉持股也非常普遍，这些都是横向交叉持股较为典型的例子。纵向交叉持股指产业链上下游企业之间的交叉持股，比较典型的有美国的Alliant Techsystems公司和他的供应商Intel公司、Digital公司之间的纵向持股关系（Allen and Phllips，2000）；还有比利时的发电商和配电商之间普遍存在的纵向交叉持股关系（Pepermans and Willems，2005）。纵向交叉持股又可以分为前向交叉持股（passive forward integration/ownership）和后向交叉持股（passive backward integration/ownership）。前者指上游企业持股下游企业。后者相反，指下游企业持股上游企业，如1980~1991年美国通用公司持有其上游供应商Robotic Vision Systems公司的股份。

三、交叉持股的动机

现有文献主要从以下四个方面探讨了企业之间形成交叉持股的动机。

第一，规避交易风险。克莱茵等（Klein et al.，1978）及威廉姆森（Williamson，1979）最早研究交叉持股动机，他们经过长期的调查研究发现，企业间的交叉持股往往是为了降低因贸易伙伴的不诚信行为所导致的合同交易风险；

这种动机在交易特定商品时尤为明显。弗拉斯（Flath，1996）认为，交叉持股的集团企业间允许成员企业通过声誉和"用脚投票"来向对方施压，这在一定程度上杜绝了交易中机会主义行为造成的不良交易后果。交叉持股在企业间起到了一定的监督作用。

第二，抵御恶意收购。布拉德伯里和考尔德伍德（Bradbury and Calderwood，1988）通过对新西兰80年代企业兼并购浪潮的分析，认为企业间的交叉持股有利于抵御来自企业外部的敌意收购行为。之后，多名学者的研究证实了这一观点。伊托（Ito，1992）发现高效的管理者很倾向于利用交叉持股来抵御敌意收购行为。奥萨诺（Osano，1996）的研究发现，任何一家企业收到外部敌意收购要约时，不会轻易将自己所持有的其他成员的股权出售，尽管这可以获得短期收益（赵翠，2012）。相互持有一定股份的企业之间可以形成特殊的联盟关系，在遭受到外部公开市场收购时，可以有效地阻止恶意收购。

第三，弱化市场竞争。雷诺兹和斯纳普（Reynolds and Snapp，1986）及法雷尔和夏皮罗（Farrel and Shapiro，1990）研究了具有竞争关系后的企业发现，市场达到均衡时，存在交叉持股行为的企业比不存在交叉持股的企业利润更高。法雷尔和夏皮罗（Farrel and Shapiro，1990）进一步研究发现处于替代品市场的两个企业间通过交叉持股，可以使双方利润达到均衡状态，实现企业利润最大化。阿蒙森和贝格曼（Amundsen and Bergman，2002）通过分析北欧能源市场中大型发电站之间交叉持股行为，发现这些企业进行交叉持股是为了抬高产品价格从而获取超额的垄断利润。在国内，交叉持股弱化市场竞争较为典型的例子是国航与国泰航空之间的交叉持股，通过交叉持股，国航和国泰航空将利益和目标紧密地结合在一起，有效地规避了业内竞争，促进了两者更紧密的业务合作关系（冉明东，2011）。

第四，新技术转移。除上述三个明显动机外，通过交叉持股的方式，企业间还可以进行新技术的转移，来提高低效企业的生产效率，最终实现参与企业的共赢。穆雷帕迪亚等（Mukhopadhyay et al.，1999）和牛（Niu，2017）从理论上对这一动机进行了阐述：一个企业有了降低成本的新技术后，会通过交叉持股的方式把新技术转移给成本高的竞争对手。维斯瓦斯拉（Vishwasrao，2007）为该动机提供了经验研究方面的佐证：1989~1993年间，印度制造业企业和跨国公司大约四分之一的技术转移合同都涉及股份的交易，其目的就是为了增加双方的盈利。

四、国有企业改革简介

国企改革一直是国家经济体制改革的核心内容之一。1978年改革开放至今，国企改革共经历了四大阶段。具体而言，第一阶段为1978~1993年的初步探索阶段，以国企放权让利为核心；第二阶段为1993~2002年产权改革阶段，以实现两权分离为核心；第三阶段为2003~2015年国资监管阶段，重点解决谁来代表所有者对国有企业进行监管的问题；第四阶段为2015年至今的全面深化阶段，改革关键词包括分类改革、混改等。从初步探索到顶层制度设计，改革思路一脉相承，但又强调因时制宜。表1-1将各轮国企改革做了简要对比。

表1-1　　　　　　　　　　国企改革各阶段对比

阶段	第一阶段 (1978~1993年)	第二阶段 (1993~2002年)	第三阶段 (2003~2015年)	第四阶段 (2015年至今)
改革背景	统包统销下企业运营效率低下	市场经济体制尚未形成，国有企业放权很难真正实现跟市场对接；企业短视行为	国有资产流失争议、国企所有者缺位问题	前一阶段改革并没有真正解决所有者缺位问题，国资管理体制混乱
改革目标	在不触动国有产权的前提下，激发企业的经营活力	国企普遍实现股权多元化和建立有效的法人治理结构	解决大型国企所有者缺位问题	完善国有资产管理体制；深入推进企业制股份制改革；配合供给侧结构性改革，进一步调整优化国有经济战略布局
核心政策	放权让利	两权分离	国有资产监管	"1+N"政策体系
主要措施	利润留成、盈亏包干、以税代利	战略性重组，"抓大放小"	成立国务院国有资产监督管理委员会，确立了"三分开、三统一、三结合"的国有资产管理体制，明确由国资监管机构履行出资人职能	(1) 国资监管由"管企业"向"管资本"转变；(2) 改革授权经营体制，组建国有资本投资、运营公司，推动国有资本合理流动优化配置；(3) 稳妥推进混合所有制改革，允许符合条件的混合所有制企业实行员工持股；(4) 通过兼并重组等方式调整优化国有经济战略布局

混合所有制改革是国企改革重要组成部分，被中共中央列为国企改革的重要突破口，意在通过非公有资本参股国有企业、首次公开上市、员工持股、重组和新设新企业等方式，提高国有企业股权多元性，促进各类所有制资本的取长补短、共同发展的制度创新。为摆脱国有企业整体经营低迷的局面，2000年前后，中央制定了"抓大放小"的策略，大型国有企业进行集团化改组，中小型国有企业开始了"民营化"之路。而更多的国有企业随着后来资本市场的发展，通过整体上市或部分上市实现了股权的市场化交易和股权结构的多元化。据2016年底国务院国资委的统计数据，中央企业集团及下属企业的混合所有制企业（含参股）占比达到了68.9%，省级国资委出资企业级各级子企业达到了47%（綦好东等，2017），国企改革正引导着中国混合所有制经济的发展。

按照推进思路的划分，混合所有制改革主要分为两种模式，一种是集团层面自上而下的模式，指的是在国企集团层面引入外部资本，外部股东可以行使董事职责从而推动国企集团以市场化为导向的机制体制变革，加快实现集团的转型发展。自上而下的改革模式可以摆脱"一股独大"下国资股东对国企集团的完全控制，从而突破传统国企的体制束缚，提高集团效率。另一种模式是自下而上的模式，指在国企集团下属的某子公司引入外部资本，外部股东通过多种形式参与董事会决策和日常经营管理，从而达到推动企业建立市场化体制机制的目的（程凤朝和李莉，2018）。

尽管混合所有制改革是一项伴随着企业所有权结构的变化的制度创新，但却不能等同于"私有化""民营化"：第一，国有股权股份降低，但国有经济在国民经济中的主导作用不会改变（綦好东等，2017）；第二，股权混合是双向的（刘长庚和张磊，2016），既有非公有资本参股国有企业，又有国有资本投资非国有企业，与以单向收购为特征的"民营化"区别开来；第三，我国国企的混合所有制改革的目标明晰：通过改善不同所有制资本的配置情况，提高资本利用效率；第四，改革的关键在于通过股权结构的改革，推进那些阻碍国有资产经营效率提升的机制体制的变革与重塑，如公司治理、国资运营监管及利益分配等（綦好东等，2017）。

综上所述，国企改革、混合所有制改革与国企民营化之间的关系层层包含。为避免混淆，在本书中，着重研究国企民营化这一具体的子议题。后面章节中的国企改革、混合所有制改革均指国有企业民营化。

五、国有企业改革实践

混合所有制改革是国企改革重要组成部分。自混合所有制改革以来，央企和部分地方国企混改呈现了"有序推进、多点开花"的态势，诸多成功案例也提供了可参考可推广的经验与借鉴。表1-2列示了部分中央企业及省市的混合所有制改革实践案例（綦好东等，2017）：

表1-2　部分混合所有制改革实践案例

部分中央企业混改实践	
企业名称	主要混改方式
中国联合网络通信集团有限公司	引入百度、阿里巴巴、中国国有企业结构调整基金等战略投资者；核心员工股权激励计划
中国南方航空集团公司	南方航空向美国航空发行H股股份并与美国航空开展代码共享、联运协议等一系列商务合作
中国东方航空集团公司	引入达美航空和携程作为战略投资者；东航物流通过引入战略投资者和员工持股实现股权多元化；战略投资入股法荷航，认购后者10%的股权，并将委派1名董事
中国南方电网	成立混合所有制的供电公司
中国航天科技集团	推动所属企业上市
中国核工业建设集团公司	民营企业参股所属企业；所属企业江河股份上市并实现核心员工持股
部分省市的混合所有制改革实践	
省或市	主要混改方式
上海	成立国资流动平台，并将本地国有企业的股份划转到此类平台中；推进2~3家科研院所通过深化改革建立多元化投资、市场化经营的机制，2~3家企业集团整体上市或核心业务资产上市，10家符合条件的混合所有制企业试点员工持股
山东	鼓励利用境内外资本市场，上市公司平台，对行业优质资产实施充分的重组整合并加快推进企业首发上市与整体上市；省属国有企业开展员工持股试点

续表

部分省市的混合所有制改革实践	
省或市	主要混改方式
天津	推出"混改"招商项目，吸引非国有资本； 拟在 5 家或 6 家集团内开展集团层面的混改试点
辽宁	推进上市、推进资产证券化，形成了省属企业资产证券化整体方案； 引入战略投资者，合资合作
山西	开展资本运作，充分利用国有控股上市公司平台，推动专业化重组与企业上市； 稳步开展员工持股试点与集团层面混改试点

六、国企改革与交叉持股的相关政策

2003 年，中共十六届三中全会通过的《中共中央关于完善社会主义市场经济体制若干问题的决定》明确提出：要大力发展国有资本、集体资本和非公有资本等参股的混合所有制经济。

2013 年中共十八届三中全会通过了《关于全面深化改革若干重大问题的决定》，其中指出，国有资本、集体资本、非公有资本等交叉持股，相互融合的混合所有制经济，是基本经济制度的重要实现形式；要积极发展混合所有制经济。

2015 年 8 月，《中共中央、国务院关于深化国有企业改革的指导意见》出台，指出要全面深化国有企业改革，完善国有资产管理体制；2015 年 9 月，《国务院关于国有企业发展混合所有制经济的意见》在总体要求中指出，"应对日益激烈的国际竞争和挑战，推动我国经济保持中高速增长、迈向中高端水平，需要通过深化国有企业混合所有制改革，推动完善现代企业制度，健全企业法人治理结构；提高国有资本配置和运行效率，优化国有经济布局；促进国有企业转换经营机制，放大国有资本功能，实现国有资产保值增值，实现各种所有制资本取长补短、相互促进、共同发展，夯实社会主义基本经济制度的微观基础"。

2017 年，党的十九大报告明确指出本次国企混改的目标，是培育具有全球竞争力的世界一流企业。这标志着混合企业改革正在进入一个崭新阶段。总的来说，尽管新一轮国企混合所有制改革已经展开，但大范围、整体性的推进仍处于试点探索阶段，因此，改革推进过程仍需理论的进一步创新与未来实现路径的审慎选择。

第三节 研究内容和结构安排

近年来，国内关于混合所有制改革的学术讨论日趋热烈。引入其他股本的股份制国有企业依旧是混合所有制经济的主流模式，即中共十八届三中全会决议提出的"国有资本、集体资本、非公有资本等交叉持股、相互融合的混合所有制经济，是基本经济制度的重要实现形式"，"允许更多国有经济和其他所有制经济发展成为混合所有制经济"。

中国企业的交叉持股起源于国有企业的股份制改革。中共十四届三中全会于1993年通过了《中共中央关于建立社会主义市场经济体制的若干问题的决定》，同年12月出台了《公司法》，形成了国有独资，国有控股或国有参股等不同类型的企业。在1999年8月26日，广发证券与辽宁成大相互持有彼此股票正式获得中国证监会审核批准，成为我国第一例上市公司交叉持股案例，双方互为对方的第二大股东。

目前中国正处于供给侧结构性改革的关键阶段，很多行业面临着企业资源重组，交叉持股行为将更为普遍，且很多分布于垂直双边市场中。这些行业既包括电力、石油、水泥、零售业等传统行业，也包括搜索服务、引擎等新型互联网行业。自中共十八届三中全会提出要积极发展混合所有制经济以来，电力、钢铁、石油等行业中的国有企业正在稳步推进混合所有制改革。通过交叉持股来引入非国有资本，一方面有助于实现行业内国有与非国有资本融合，通过取长补短盘活国有资产，并减少不必要的交易成本从而激发市场活力；另一方面则会对行业竞争产生重要影响，推进混合所有制改革所导致的产量和价格变化很可能不利于社会福利的提升。交叉持股下这种民营企业和国有企业博弈对社会福利产生的影响也是政府规制面临的问题。

在这一背景下研究外资持股对最优私有化水平的影响。

第十二章，外资持股、公共资金成本与国企私有化。本章在混合寡头模型中，研究市场竞争和公共资金影子成本如何影响政府实施国有企业私有化政策和税收/补贴政策。和前几章相似，在模型中外国投资者持有本国民营企业同等的股份。本章的分析结合了五个重要的元素：私有化、补贴、市场竞争、外资持股以及公共资金的影子成本。

第四节 相关文献梳理

本章主要分为两个部分，分别梳理交叉持股的文献和国企改革的文献。在交叉持股的文献中，主要侧重于市场中企业之间的交叉持股的内生性、动机、稳定性以及由此带来的市场竞争性分析。在国有企业改革的文献中，通过梳理混合寡头理论的演化脉络，重点评述有关混合所有制经济研究中的最优国有资本比例，税收、补贴等其他政策与国有经济改革的关系，外国资本与国家安全等维度的节点文献。

一、交叉持股文献梳理

尽管交叉持股在世界范围内扮演着重要的角色，但是关于交叉持股的学术研究却起步较晚。最初的文献是雷诺兹和斯纳普于1986年发表的论文，他们只在静态的寡头垄断模型中考察了交叉持股带来的直接经济利益。弗拉斯（1991）提出了一个同时包含直接和间接经济利益的替代模型。法雷尔和夏皮罗（1990）考虑了多寡头市场中有两个企业存在单边交叉持股的情况，讨论了这两个企业增加交叉持股有利可图的充分必要条件以及社会福利增加的充分必要条件。莱特曼（Reitman，1994）指出部分所有权更容易出现在相对于古诺模型而言更具竞争性的市场，以此作为企业增加利润的一种手段。萨洛普和奥布莱恩（Salop and O'Brien，2000）认为同行业交叉持股使得市场的均衡更趋向于垄断市场的情况。

在交叉持股对同产业内企业动态竞争策略影响的研究方面，目前的研究非常匮乏。马鲁格（Malueg，1992）发现企业交叉持股对合谋的影响取决于需求函数的性质。当需求函数表现出非凸性时，交叉持股会促进默契合谋；而当需求函数为凸性时，交叉持股却可能阻碍默契合谋而有利于企业竞争。于左和彭树宏（2010）则把马鲁格（1992）的主要结论拓展到了两种新的合谋策略情形之下：针锋相对策略（tit for tat strategy）与扯平策略（getting even strategy），发现横向交叉持股进一步强化了企业间的默契合谋，阻碍了市场竞争。吉洛等（Gilo et al.，2006；2013）则对超级博弈下的伯川德价格竞争进行了交叉持股的竞争效应分析，并得出结论：交叉持股促进了企业的长期默契合谋。凡蒂和戈里（Fanti and Gori，2011；2013）分别讨论了双寡头企业单边交叉持股的动态竞争效应。他们重点分析了交叉持股对企业长期产量与价格竞争的均衡稳定性的影响。尽管交叉持股有利于产业发展的稳定性，但他们也指出，交叉持股具有反竞争的作用。

以上文献主要分析横向交叉持股的短期与长期的竞争效应，从中可以归纳出如下的反垄断政策含义。横向交叉持股需要引起相关政府部门的重视，但不管是美国的克莱顿法，还是欧盟委员会的白皮书，以及欧盟的横向兼并指南（2004 年版），基本上都对交叉持股这一类消极投资行为给予了豁免；而中国的反垄断法更是缺乏这方面的限制性条款。关切横向交叉持股的反垄断问题，需要考虑产业中企业的竞争类型，以及产业所对应产品的市场需求价格弹性。

纵向交叉持股在世界范围内同样非常普遍。在美国，大约有 53% 的交叉持股发生在上下游企业之间（Allen and Phillips，2000）。在欧洲（EC，2014）和中国（秦俊和朱方明，2009），纵向交叉持股的案例也存在于多种行业当中。然而，目前国内外关于纵向交叉持股对企业竞争行为影响的研究相对匮乏，且无论是理论探讨，还是经验分析，几乎都集中于纵向交叉持股所导致的静态或短期竞争效应。

弗拉斯（1989）最早研究垂直市场中纵向交叉持股对市场均衡的影响。作者发现前向交叉持股会导致垂直协作，因此减小了双重加价造成的价格扭曲，降低了下游市场最终产品的价格。但是，后向持股则对最终产品的产量和价格没有影响。格林利（Greenlee and Raskovich，2006）发现后向持股不影响市场总产出的这个性质，在一个更一般的市场结构中同样成立。张汉江等（2010）通过斯塔克伯格博弈模型，讨论了产业链间企业交叉持股对市场绩效的影响，定量地推演无交叉持股前、交叉持股时和纵向一体化情况下定价和收益的差异，认为交叉持股可以使市场价格下降，同时使产业链中企业的总收益增加。

以上文献主要讨论了上游企业为下游企业提供线性价格合同的情形。如果上游企业为中间产品提供两部收费制合同，菲奥科（Fiocco，2016）发现前向交叉持股会导致下游被持股企业提高定价，并因此缓和了下游市场的价格竞争。这一结论也为反垄断机构管制纵向交叉持股提供了理论依据。在考虑后向交叉持股时，如果上游企业进行价格竞争并提供两部收费合同，那么下游持股企业会因为在上游被持股企业中得到的分红而会提高产品价格以减少下游市场竞争（Hunold and Stahl，2016）。由此可见，纵向交叉持股的持股企业虽然没有控制被持股企业的决策，但和纵向一体化一样，会容易导致垄断问题的产生。

然而，对纵向交叉持股的已有理论研究基本局限于对企业竞争效应的静态分析，而忽视了纵向持股对企业长期竞争的影响。显然，企业的竞争行为往往是动态的，并与短期竞争策略存在显著差异。因此从企业长期竞争的视角来探讨纵向交叉持股的企业竞争效应能够更科学地反映其是否会促进上游或下游企业的合谋，从而导致对应的纵向圈定效应、双重加价效应以及社会福利效应等。

相比而言，国内对交叉持股的研究相对于国外起步更晚，主要从交叉持股的理论引入、会计影响、法律制度以及交叉持股对资本市场、企业盈利的影响等方面进行了分析。其中秦俊和朱方明（2009）概括了我国现阶段上市公司间交叉持股具有行业分布广泛但相对集中、地域性交叉持股及低比例财务投资型交叉持股现象明显的特征。裴桂芬（2008）研究了日本交叉持股的"凸"型发展历程，将其与我国的现状进行了对比，并从法律制度、信息披露、引导投资等方面做出规制。张晓远和韩玉斌（2005）认为国有企业通过交叉持股可实现股东多元化和股份分散化，但由于交叉持股破坏了公司治理机制，导致国有企业并没有从根本上实现政企分开，文章从明确交叉持股限额、限制表决权以及改进公司内外监控机制等方面提出改进建议。林华（2006）在实证模型中通过回归分析的显著性检验，论证了与券商交叉持股可以有效地改善上市公司的长期绩效。马龙（2008）通过分析 2004~2008 年上市公司相互交叉持股数据认为交叉持股放大了证券市场的波动性,但不会造成证券市场的供应不足和流动性不足。郭葆春和柯浔(2012)以平安集团与深发展交叉持股为例,从动因、路径和效应三个角度探索揭示金融业交叉持股的利弊,并从金融企业和监管部门两方面提出相关建议。

从对研究成果的梳理来看,我国现阶段交叉持股还主要集中在理论介绍、推理分析和案例分析等方面,方法理论研究和相应的实证分析较少,理论分析方法也缺少突破和创新,缺少对内生性的动机和效应因素的分析,而且模型适用性也有待加强,缺乏从整体上对交叉持股进行的研究。

二、国企改革文献梳理

近年来,国内关于混合所有制改革的学术讨论日趋热烈。其实混合所有制并非一个崭新的问题,最早的混合所有制探讨发端于国内学者对东欧诸国国有企业改革新办法的推介——1985年便首次出现两篇论文(林水源,1985;章运新和李飞,1985)。与此同时,欧洲、日本在20世纪下半叶组建了大量混合所有制企业,给国有经济改革指出了新方向。其间,混合寡头理论的出现标志着国外混合所有制改革在理论上的成熟,也为世界诸国的国有企业改革提供了理论基础。

所谓的"混合寡头"是指,一个市场同时存在数量有限的国有(或股权混合所有的国有控股企业)、民营以及外资企业,不同市场主体"混合"在一起进行不完全竞争。这种理论抽象尤其符合我国国有经济相对集中的一些行业,如电力、电信、石油、钢铁、汽车等。其中,国有企业追求社会福利最大化,民营、外资企业则追求经济利润最大化,两种性质类型的企业相互竞争发展。随着研究范畴的拓展,混合寡头研究开始深入至企业内部的产权结构问题——大型国有寡头企业应否将股份出售,如果应该出售的话,卖多少合适(Matsumura,1998)。巧合的是,这一阶段的西方理论大发展几乎与中国同期的体制改革设想同步,即1993年中共十四届三中全会首次提出的"财产混合所有的经济单位"。其种子文献(Matsumura,1998)的诞生甚至晚于中共十四届三中全会,这体现了我国国有经济改革其实并不落后于西方国家。

正如恩格斯（Friedrich Engels）提出的，"只有在生产资料或交通手段真正发展到不适合由股份公司来管理，因而国有化在经济上已成为不可避免的情况下，国有化——即使是由目前的国家实行的——才意味着经济上的进步。"如果国有化程度超越了生产力的水平，那么这种国有经济比重就不具有经济上的合理性，会阻碍生产力的发展（丁任重，1988）。那么，在当前的生产力水平下，中国的混合所有制改革有没有一个社会合意的最优国有资本比重；混合寡头理论是否能为今后的改革实践给出相关的理论支撑？围绕这个重大的理论与现实问题，本节进一步剖析混合寡头理论的发展脉络。

1. 国有资本的最优比例：混合寡头的研究主题

价格和交易量从来都是市场经济的最重要元素。但一直以来，中国的国有企业改革研究偏好于前者，而忽略了后者。围绕国有资本的出售价格，学术争鸣长盛不衰。一旦国有资本售价过低，或者出售后在民营企业家经营下升值了，那么这个国有企业改革的交易价格问题将进一步引申出"国有资产流失"的命题（张卓元，2008）。直至今日，这个重大命题的讨论依旧难以达成共识。为此，中央全面深化改革领导小组于2015年6月出台了《关于加强和改进企业国有资产监督防止国有资产流失的意见》。

国有企业改革中的定价行为当然值得研究，但这并不是唯一问题，甚至不是最重要的问题。混合寡头理论关注的不是交易价格，而是交易量——在私有化改革中，国有资本应该出售多少比例？以及这个交易量（股权结构）所带来的"长治久安"——可以为全社会新增多少消费者剩余与经济利润，从而提升多少社会总福利？

早期的混合市场模型并没有涉及国有企业的特殊性与内部股权结构。然而，不论是发达国家，还是发展中国家，一家或数家大型国有企业占据一些关乎国计民生和自然垄断的产业的支配地位，是较常见的市场结构。这与当前中国的经济现实也极为吻合。那么，在这样的市场结构中，占据市场主导地位的大型国有企业是否应该进行混合所有制改革呢？最早给出答案的是松村（1998）。作者提出，判断是否应该进行改革的最主要标准就是社会总福利——如果混合所有制改革能够提升社会总福利，那么改革就是社会合意而值得推行的。该模型最终证明了，只要产业市场中存在竞争，国有企业并非绝对垄断，那么政府就应该对其进行混合所有制改革——将部分国有企业股份向公众发售，这样一定能够提升社会总福利。而且，在很多情况下，国有资本与民间资本各占一定比例的混合所有改革，会比完全私有化更有效，因为完全私有化不一定是关于社会福利的最优解。该结论放在当前中国依然具有较大的现实意义。简而言之，只要存在国有企业与民营企业的竞争，无论民营企业的市场力量大小，对国有企业进行混合所有制改革就是能够改善社会福利的改革路径。

否定激进的完全私有化，肯定渐进的混合所有制改革，逐步成为混合寡头理论的核心思想。松岛和松村（2003）以及松村和松岛（2004）从豪泰林（Hotelling）的空间产量竞争模型角度对混合寡头理论进行扩展的研究表明，无论是环形城市还是线性城市，空间竞争不会导致最优国有资本比重为零，即完全私有化不能最大化社会总福利。因此，国有资本比重保持在一定比例的混合所有制经济才是社会合意的市场结构。塞那 – 鲁伊斯（Barcena-Ruiz，2007）进一步将产量竞争框架拓展为价格竞争，其结果基本一致——完全私有化并非社会的最优解。而巴罗和萨拉·伊·马丁（Barro and Sala-i-Martin，1995）结合早期混合市场模型和委托—代理理论的研究结论也类似，并不支持完全私有化。

当然，完全私有化也并非一无是处。松村和坎达（Matsumura and Kanda，2005）证明了，在不考虑企业自由进入和退出时，完全私有化无论如何都可以提高社会福利。不过，一旦放松了固定在位者数量的假设，企业可以自由进入和退出产业市场，那么结论就截然相反——完全私有化反而会伤害社会总福利。

2. 最优国有资本比重的影响因素

既然中间状态最优，那么到底国有企业应该"混"入多少民间资本呢？由于松村（1998）等一系列研究并没有解出国有企业改革后的最优国有资本比重，故后续的研究专注于解答这个重大现实问题。

与前人的研究接近，孙等（Sun et al.，2005）同样证明了，完全的私有化或国有化均非社会合意的市场结构，反而是国有资本和民间资本各占一定比例，二者之间的比重达到一个最优值，才能实现社会福利最大化。具有创新意义的是，该研究解出了混合所有制改革后的最优国有资本比重。从该均衡解来看，民营企业的生产成本（边际成本）相对于国有企业越有优势，那么社会合意的国有资本比重则越低。此外，他们进一步分析了国有企业面临的政策性负担问题，并提出当政府承担着就业压力时，最优国有资本比重将会上升，但不一定影响社会总福利的大小。关于边际成本影响最优国有资本比重，王和陈（Wang and Chen，2010）的后续拓展同样证实了这个结论——国有企业的成本效率越低，最优国有资本比重越低。

最优国有资本比重除了与边际成本相关外，还与在位竞争者的数量相关，即最优国有资本比重与在位民营企业数量负相关（Fujiwara，2007）。从政策含义来看，当产业内部没有在位民营企业参与竞争时，最优国有资本比重可以为1，即完全国有化合理，因此无须改革；当产业内趋于完全竞争时，在位民营企业非常多，那么激进的完全私有化是政府的理想选择。王和陈（2010）的后续研究加入了企业自由进入和退出的假设，同样得出了类似的结论：参与竞争的民营企业的均衡数量越多，则最优国有资本比重越低。王等（2014）也发现在本国民营企业数量足够多的情况下，最优的私有化政策为部分私有化，且长期的私有化程度要高于短期的私有化程度。

与此同时，国有企业与民营企业之间的产品差异化程度也会影响最优国有资本比重的大小（Fujiwara，2007）。后续的研究进一步证实了这个观点，在缺乏产品质量考虑时，混合所有制企业的国有资本比重越大，社会总福利越多，因此无需对纯国有企业进行产权改革；但这个严格的假设一旦被推翻，产品质量进入博弈过程，那么最优国有资本比例就不等于1，必须进行混合所有制改革（Ishibashi and Kaneko，2008）。殷军等（2016）探讨了民营企业生产存在负外部性条件下，国有企业混合所有制对社会净福利的影响，研究同时给出了国有企业混合所有制改革的内在机制和外在条件，最优的混合比例取决于国有企业自身承担社会性负担的能力和社会性负担的大小。

另外，贸易自由化和跨国公司的出现会不会影响最优国有资本比重呢？王和陈（2010；2011a）将模型扩展至有跨国公司挤占国内市场的情况，研究结果表明，即使存在外资企业的竞争，本土大型国有企业的资本结构还是存在一个最优的国有资本比重。而且，当外资企业数量越多、面临愈趋激烈的跨国竞争时，政府就应该通过混合所有制改革适当调低国有资本比重，将资源配置到效率相对较高的混合所有制企业或民营企业。在此基础上，卡托和松村（Cato and Masumura，2012）考察了跨国公司的自由进入，再次扩展了该模型，发现上述结论在长期中完全反转。

最后一个影响最优国有资本比重的因素是，以财政补贴和关税政策为代表的政府干预行为。早期的研究（White，1996）就发现，在私有化前，政府若一直实施财政补贴政策的话，国有企业的产权改革很可能反而会伤害社会总福利。因此，补贴政策必须在混合所有制改革中予以考虑。都丸（Tomaru，2006）沿袭早期的混合市场模型研究发现，在财政补贴的支持下，在位民营企业数量越多，社会总福利水平越好。与前两文的线性关系不一样，菲耶尔和海伍德（Fjell and Heywood，2004）的序贯博弈模型显示，财政补贴导致在位民营企业数量与社会总福利水平之间呈非线性关系。其后，加藤和都丸（Kato and Tomaru，2007）深入考察了财政补贴在混合所有制改革中扮演的角色，结果发现财政补贴力度与最优国有资本比重正相关。特别地，关税政策在某种程度上可以被视作补贴政策的反面，而在已有的研究中，一些文献通过构建包括跨国公司在内的混合寡头模型，也重点探讨了关税政策与私有化政策之间的相互作用。其中，帕尔和怀特（Pal and White，1998）较早地提出，无论政府选用补贴政策还是关税政策，绝大多数情况下，社会福利总是随着私有化上升。赵和于（Chao and Yu，2006）同时考察了外企竞争和私有化对最优关税的影响，发现外企竞争会降低最优关税，而部分私有化会提高最优关税水平。谢迟和向洪金（2015）基于开放经济下的研究发现，在国企背负一定的社会性负担的条件下，国有企业最优占比将随着补贴和关税的增加而增加，反之则减少。

综上所述，生产成本、在位企业数量、产品质量差异、跨国竞争、财政补贴以及市场准入壁垒均会影响混合所有制改革中国有股份交易量的最优值，即改革后混合所有制企业的最优国有资本比重受以上诸多因素影响。因此，中国的混合所有制研究必须在现有混合寡头理论的基础上，结合国情进一步拓展，并进行更广维度的实证研究，从而保证事关重大的国有企业改革的有效性与稳健性。

3. 混合所有制改革应否屏蔽外国资本

改革与开放，一直作为中国社会主义市场经济发展的孪生关键词，引领着中国经济不断迈向新台阶。不过，一旦提及外国资本、FDI、技术引进等，关于经济安全、产业安全等议题便油然而生。对于部分学者而言，国有资本最可靠，即便其委托——代理关系不够明晰；民间资本又比外国资本安全，外国资本里面的华侨华人资本又比较安全。总之,资本是有国籍的,甚至有肤色的。其实,随着国际资本流动的自由化和金融产品的日新月异,现代国际资本市场上各种企业、基金的最终控制人已经无法很清晰地界定出来。但根据GDP的核算方式与社会福利的经济学定义,外国资本参与混合所有制改革将必然产生绩效上的改变,必定使社会福利的均衡点发生改变。因此,研究外国资本参与国有企业的产权改革,正是国外混合寡头理论的另一个研究重点。

为考察外资企业（跨国公司）参与本国混合所有制改革会带来怎样的效果,学术界进行了多维度的尝试。最早是松村（2003）的探讨,作者首次在混合寡头模型中引入了外资企业参与竞争。随后,学者们正式开始回答关于混合所有制改革是否应该引入外国资本这一至关重要的理论问题。在早期文献中,赵和于（1999）、菲耶尔和帕尔（1996）以及帕尔和怀特（1998）通过一个同时行动博弈模型研究发现,外国竞争者的存在会在很大程度上改变本国国有企业的行为。在混合寡头市场中,国内民营企业的进入会减少国有企业的产出,增加社会福利。而外资企业的进入则会增加国有企业产出,但带来的社会总福利变化不甚明确。不仅如此,当不存在国有企业时,外资企业收购国内民营企业不会带来任何利润和消费者剩余的变化;当存在国有企业时,这种收购却会在降低利润的同时增加消费者剩余。因此,在国有企业与民营企业并存的混合市场,是否引入外国资本参与混合所有制改革,必须进行细致的考虑。甚至有学者指出,混合所有改革与贸易自由化并不是天生兼容的,两种改革同时进行值得商榷（Fjell and Pal,1996）。

文献中也有涉及关税政策的研究。众所周知,FDI和出口实质上是跨国公司的两种替代行为,投资发展中国家为的是绕过关税壁垒。或者说,从事进出口其实是为了避免固定资产投资的风险。为此,国外学术界开始讨论外资企业参与国内混合所有制改革对国家贸易政策体系的冲击效应。赵和于（2006）的跨国混合寡头模型解释了,同时进行内外资企业竞争与混合所有制改革对最优关税税率的影响——部分私有化会提高最优税率。一旦实施外国资本参与的混合所有制改革,那么该国就应该提高关税率。也有研究（叶光亮和邓国营,2010）发现,在开放经济下的混合所有制市场中,两大目标下的最优关税税率均随着国有企业私有化程度的提高而提高,而产品质量的异质性也必须予以考虑。

也有学者从创新的维度回答混合所有制改革中是否应该引入外国资本。发展中国家的政府希望通过外商投资引进更先进的技术，并给本国企业带来技术溢出，利用技术溢出的效应提高本国企业的生产率。当技术溢出的程度充分大时，国有企业的产出相对高，政府可以加快进行混合所有制改革，这样把一部分产量让渡给民营企业。但是当技术溢出的程度充分小时，国有企业的产出相对低，政府为了保证较高的产出及增加消费者剩余，又会放缓混合所有制改革来弥补国有企业产量的不足（韩丽华，2010）。另一方面，尽管民营企业可能更具有研发的积极性，但现实中往往为实现短期利润最大化而使自身无法在研发上有过多的投入。这种挤出效应也会发生在国有企业与民营企业之间，因为在寡头国有企业的竞争压力下，民营企业或许会在无效率的低研发水平上经营，从而造成较严重的福利损失（Ishibashi and Matsumura，2006）。

第二章
交叉持股与进入遏制

第一节 引　　言

　　交叉持股是指两个或两个以上的企业之间为实现某种特定目的，相互持有对方的股份，从而形成企业法人之间彼此互为投资者的一种经济现象。在最近十几年，企业之间的交叉持股在各个产业当中都很普遍，例如航空产业（Clayton and Jorgensen，2005）、汽车产业（Alley，1997）、金融产业（Dietzenbacher et al.，2000）以及广播传媒产业等（Brito et al.，2014）。

　　现有文献充分研究了交叉持股对寡头竞争的影响。雷诺兹和斯纳普（1986）在一个同质产品的寡头市场中考虑企业的交叉持股。研究发现，交叉持股会带来一种反竞争效应，即市场中的总产出随着交叉持股比例的上升而下降。法雷尔和夏皮罗（1990）则在同质产品的寡头模型中引入企业成本的不对称。作者分析了企业单边持股的动机，并发现企业之间的单边持股会减少市场总产出，持股企业的生产利润也会随之减少。然而弗拉斯（1991）却发现，在考虑到直接以及间接持股的情况下，如果持股企业的生产利润下降，则企业之间不会存在交叉持股的动机。

　　本章通过建立模型说明交叉持股可被用作在位企业阻止潜在企业进入市场的竞争策略。我们分析了这样一个两期模型：在位企业首先决定是否提供股份给潜在进入企业，然后潜在进入企业决定是否接受在位企业提供的股份，以及是否进入市场。我们发现，在位企业会策略性地提供一份股份合同，潜在进入者会选择接受合同并且放弃进入市场。在这种在位者垄断市场的情况下，两家企业将会在均衡时实现联合利润最大化。这个结果也很符合经济学直觉：在没有企业进入市场时，在位企业垄断市场并获得最高可获得利润，因此，在位企业会提供一个股份合同来阻止潜在企业进入市场，并对它们不进入市场给出适当经济补偿。

　　现有文献中有部分文献结合了交叉持股来研究企业市场进入问题。汉森和洛特（Hansen and Lott，1995）分析了交叉持股如何影响企业市场进入决策。当潜在进入企业在决定不进入市场的同时，会持有在位企业的股份；当市场知道潜在进入者最终不进入市场时，在位企业的股票价格会有所上升，以至于潜在进入者会因所持其股票而获得额外的"套利"。这是由潜在进入企业所主导的交叉持股结构。克莱顿和乔根森（Clayton and Jorgensen，2005）同样研究了交叉持股以及企业市场进入的问题，其考虑的是潜在进入企业先对是否进入市场作出选择，然后再决定进入市场之后是否与在位企业进行交叉持股。由于交叉持股会影响企业之间的竞争性行为，进而影响企业的进入决策。与此相反，本章考虑在位企业策略性使用交叉持股作为抑制潜在企业进入市场的手段。马修（Mathews，2006）研究了进入企业在战略联盟环境下的市场进入激励。

第二节 基 本 模 型

考虑一个生产同质产品的市场，其中有两家企业：在位企业（企业1）和潜在进入企业（企业2）。这两个企业有相同的生产技术，不失一般性，我们假设企业的边际成本都为0。市场需求是由反需求函数 $p(Q)$ 决定的，其中 p 是产品的市场价格，Q 是产品的总产量，且有 $p'(Q)<0$。此市场进入序贯博弈发生的先后顺序如下：

（1）在位企业提供股份合同 (v_1, v_2) 给进入者，其中 v_i 是第 i 家企业分给另一企业的股份比例，假设 $0 \leq v_i \leq 1$。

（2）进入者决定是否接受在位企业提供的交叉持股合同。如果进入者接受，那么双方就按照合同约定的比例 (v_1, v_2) 进行交叉持股；如果不接受，两企业之间将不存在交叉持股，即双方所持股份为 $(0, 0)$。

（3）进入者决定是否进入市场。如果选择进入市场，则产生固定的进入成本 C。

（4）在生产阶段，如果进入者决定不进入市场，则此时在位企业继续保持市场垄断；如果进入者决定进入市场，则两家企业进行古诺竞争。

在此章中，我们做出以下假设2.1：进入者在另一个独立市场上经营并有利

润 $\hat{\pi}$；假设 2.2：进入成本 C 足够小，使得在两企业之间不存在交叉持股时潜在进入企业总会选择进入对方市场；假设 2.3：在接受与不接受股份合同对于进入企业无差异时，进入企业将选择接受在位企业的交叉持股提议；假设 2.4：企业在交叉持股后，有权按股份比例分享其竞争对手的利润，但不影响被持股企业的生产决策[①]。

第三节　均衡分析

接下来我们对市场进入博弈进行理论分析。此序贯博弈存在四种不同的情况：

情况 1：在位企业提供股份合同（v_1，v_2），进入者接受合同，并进入市场；

情况 2：在位企业提供股份合同（v_1，v_2），进入者接受合同，但不进入市场；

情况 3：在位企业提供股份合同（v_1，v_2），进入者不接受合同，但进入市场；

情况 4：在位企业不提供股份合同，进入者进入市场。

在情况 1 中，进入者接受在位企业的股份合同并进入市场。因此，两个企业都持有对手企业的股份。在古诺竞争下，每个企业同时选择最优产量 q_i 去实现利润最大化。在存在交叉持股时，持股企业将从被持股企业那里分得相应的利润分红。由此可得第 i 家企业的最优化问题为：

$$\max_{q_i}(1-v_j)\Pi_i(q_i, q_j) + v_i\Pi_j(q_i, q_j)$$

其中 $\pi_1(q_1, q_2) = p(Q)q_1$ 和 $\pi_2(q_1, q_2) = p(Q)q_2 + \hat{\pi}$。这个最优化问题的一阶条件为：

$$(1-v_j)(p'(Q)q_i + p(Q)) + v_i p'(Q)q_j = 0 \tag{2.1}$$

我们假设二阶条件成立，则有：

[①] 部分交叉持股假设被广泛应用与文献中（比如 Farrell and Shapiro, 1990；Flath, 1991, Gilo et al., 2006；Jovanovic and Wey, 2014）。

$$(1-v_j)(p''(Q)q_i + 2p'(Q)) + v_i p''(Q)q_j < 0 \tag{2.2}$$

在这种假设下,这个利润最大化问题的最优解存在①。如果反需求函数是凹的,$p''(Q) < 0$,则方程(2.2)一定成立。在均衡时,第 i 家企业的最优化选择是 $q_i^s(v_1, v_2)$,并同时满足方程(2.1),因此我们可以得到两家企业在均衡时的利润为②:

$$\begin{cases} \pi_I^s = (1-v_2)p(Q^s(v_1, v_2))q_1^s(v_1, v_2) + v_1(p(Q^s(v_1, v_2))q_2^s(v_1, v_2) + \hat{\pi}); \\ \pi_E^s = v_2 p(Q^s(v_1, v_2))q_1^s(v_1, v_2) + (1-v_1)(p(Q^s(v_1, v_2))q_2^s(v_1, v_2) + \hat{\pi}) - C \end{cases} \tag{2.3}$$

其中 $Q^s(v_1, v_2) = q_1^s(v_1, v_2) + q_2^s(v_1, v_2)$。

在情况 2 中,进入者接受在位企业的股份合同,但不进入市场。因此,在位企业垄断整个市场,它将选择产量来最大化它的利润:$\pi = (1-v_2)p(Q)Q + v_1\hat{\pi}$。此最优化问题的一阶条件为:

$$p'(Q)Q + p(Q) = 0 \tag{2.4}$$

解上述方程可以得出在为企业的最优产量 Q_m。因此两家企业的利润分别为:

$$\begin{cases} \pi_I^m = (1-v_2)p(Q^m)Q^m + v_1\hat{\pi} \\ \pi_E^m = v_2 p(Q^m)Q^m + (1-v_1)\hat{\pi} \end{cases} \tag{2.5}$$

在情况 3 和情况 4 中,进入者进入市场但并不接受交叉持股。此时市场为古诺竞争,将 $v_1 = v_2 = 0$ 代入方程(2.1)可得:

$$p'(Q)q_i + p(Q) = 0 \tag{2.6}$$

我们用 q_i^C 来表示企业 i 的最优产量,则两家企业在均衡时的利润如下:

$$\begin{cases} \pi_I^C = p(Q^C)q_1^C \\ \pi_E^C = p(Q^C)q_2^C + \hat{\pi} - C \end{cases} \tag{2.7}$$

其中 $Q^C = q_1^C + q_2^C$。在本章中我们假设 $C < p(Q^C)q_2^C$。这个条件使得当没有发生交叉持股时,潜在进入企业一定会进入市场。

在图 2-1 的博弈树中我们描述了在位企业 1 与进入企业 2 之间的序贯博弈。我们用 Π 表示两家企业的联合利润,根据前面的分析,我们可以得出,在情况 1 中,

---

① 方程(2.2)保证了在其他情况下最大化利润问题的最优解是存在的。
② 本章我们都用上角标"I"和"E"各自代表"在位企业"和"进入企业",用"s""m""C"各自代表"有交叉持股的垄断""垄断""没有交叉持股时的古诺竞争"。

$\Pi^S = p(Q^S(v_1, v_2))Q^S(v_1, v_2) + \hat{\pi} - C$。在情况2中，$\Pi^m = p(Q^m)Q^m + \hat{\pi}$。在情况3与情况4中，$\Pi^C = p(Q^C)Q^C + \hat{\pi} - C$。显而易见，两家企业的联合利润 Π^m，Π^C 与持股股份 v_1 与 v_2 无关。

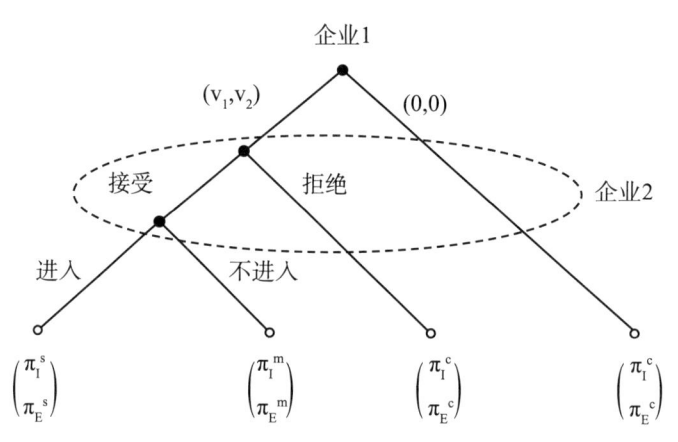

图2-1 序贯博弈的博弈树

命题2.1 在情况2中，当企业2接受股份合同但是不进入企业1的市场时，两个企业的联合利润最高。此时的联合利润为垄断利润，可以得到联合利润的关系式：$\Pi^m > \Pi^S$ 和 $\Pi^m > \Pi^C$。

在这个博弈中，在位企业战略性选择 (v_1, v_2) 来最大化其利润。由于垄断利润总是大于双寡头利润之和，在位企业总是会选择提供一个股份合同 (v_1, v_2) 来诱导潜在进入者接受交叉持股协议，借此对其不进入市场进行经济补贴。

命题2.2 均衡时在位企业会战略性选择提出一个股份合同 (v_1^*, v_2^*) 来阻止潜在企业进入市场。在位企业的利润为 $p(Q^m)Q^m - p(Q^C)q_2^C + C$，进入企业的利润为 $p(Q^C)q_2^C + \hat{\pi} - C$。

从经济学直觉上看，在位企业更倾向于不让企业2进入市场。这样该企业就可以垄断市场，并总是产生超过双寡头利润之和的正利润。为了达到这个目的，在位企业战略性地选择交叉持股协议 (v_1, v_2)。首先，在位企业需要通过选择 v_2 来将其部分经营利润分配给进入者。其次，它通过战略性选择 v_1 来阻止竞争对手进入市场。在位企业之所以能够取得成功，是因为正的 v_1 减少了进入者进入市场后的利润，而正的 v_2（对进入企业不进入市场做出补偿）增加了进入者不进入市场的利润。

在 $\hat{\pi} = 0$（Salop，1979；Clayton and Jorgensen，2005）的特殊情况下，在位企业通过决定 v_2 来将部分利润分给进入者以诱导其接受提议（即选择 v_2 使 $\pi_E^m = \pi_E^C$），再通过决定 v_1 来抑制进入者进入市场（即选择 v_1 使得 $\pi_E^S < \pi_E^m$）。也就是说，v_1 是用来抑制进入者进入市场，v_2 是用来对进入者作出补偿。

推论 2.1 如果 $\hat{\pi} = 0$，则在均衡时有 $v_2^* = \dfrac{p(Q^C)q_2^C - C}{p(Q^m)Q^m}$ 以及 $v_1^* \in \Theta = \{v_1 \mid \pi_E^S(v_1, v_2^*) < \pi_E^m(v_2^*)\}$。

为了让以上一般化的结论更加具象，我们考虑一个线性反需求函数（$p = 1 - q_1 - q_2$），此外潜在进入企业如果不进入市场将获得 $\hat{\pi} = 0$。图 2-2 描述了这个序贯博弈，其中每种情况下两家企业的利润都已解出。且我们假设企业2的进入成本满足条件 $C < 1/9$，使得企业2在没有发生交叉持股的情况下会进入市场。

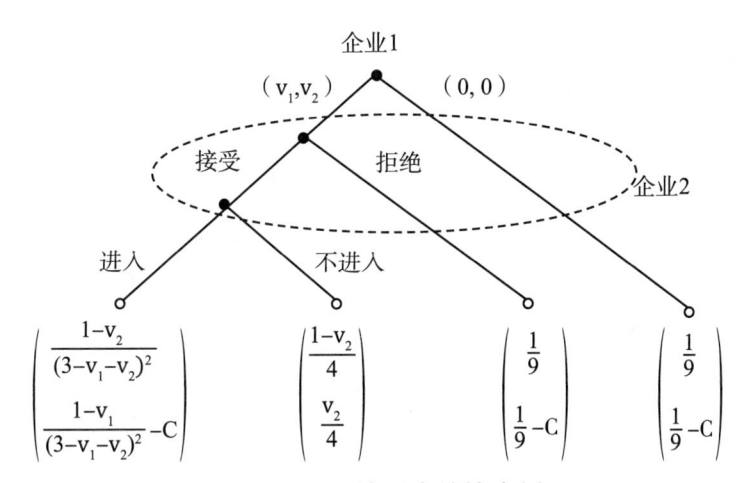

图 2-2 线性需求的博弈树

我们很容易就发现当在位企业保持垄断市场地位时两家企业的联合利润达到最大，且为 $\Pi_m = 1/4$。此外，当进入者接受交叉持股提议并进入市场时，在位企业的利润为 $\dfrac{1 - v_2}{(3 - v_1 - v_2)^2}$，它是关于 v_1 的增函数，关于 v_2 的减函数。进入企业的利润为 $\dfrac{1 - v_1}{(3 - v_1 - v_2)^2} - C$，它是关于 v_1 的减函数，关于 v_2 的增函数。在均衡时在位企业选择（v_1^*，v_2^*）使得 $v_2^*/4 = \frac{1}{9} - C$ 以及 $\frac{1-v_1^*}{(3-v_1^*-v_2^*)^2} - C < \frac{1}{9} - C$，$v_1^* \in (\underline{v_1}, 1)$ 和 $v_2^* = \frac{4}{9} - 4C$，其中 $\underline{v_1} = -\frac{35}{18} + \frac{\sqrt{25-144C}}{2} + 4C$。注意到 $\underline{v_1}$ 随着 C 递减，这就说明在进入成本比较大时，一个较小的 v_1 就足以抑制潜在企业进入市场。

第四节　结　　论

在最近关于战略性抑制企业进入市场的研究中，虽然经验表明在市场进入博弈中经常会发生股份交易的现象，但少有学者注意到交叉控股可以用作一种抑制潜在的竞争对手进入市场的方式。在一些理论文献中也有证据表明交叉持股会影响潜在进入者的进入动机。根据已有的研究基础，本章试图从理论上来解释交叉持股是如何战略性影响企业的市场进入决策的。本章只考虑企业 2 进入企业 1 的市场，但当两个企业可以互相进入对方市场的时候，我们的主要结论仍然成立：在均衡时，企业 1 会选择提供一个交叉持股协议，以阻止企业间互相进入彼此的市场。我们现有模型中的经济学直觉和解释仍然是适用的：只有每一家企业在其市场上是垄断者时，两家企业的联合利润才会最大化。基于这一点，企业 1 将选择交叉持股协议（v_1，v_2），使得企业不进入彼此的市场，从而以适当的方式重新分配两个企业的联合利润。企业 1 之所以能够取得成功，是因为较高程度的 v_i 降低了第 j 家企业进入 i 企业市场的利润，而较高程度的 v_j 则增加了 j 企业保持不进入市场的利润。

本 章 附 录

命题 2.1 的证明：

由方程（4）得知，Q^m 是最大化 $p(Q)Q$ 的解。因此，$p(Q^m)Q^m \geq p(Q^S)Q^S$ 以及 $p(Q^m)Q^m \geq p(Q^C)Q^C$ 成立。所以我们有，$\Pi^m > \Pi^S$ 和 $\Pi^m > \Pi^C$。

命题 2.2 的证明：

首先利用逆向归纳法证明 (v_1^*, v_2^*) 的存在性。在情况 2 中，进入者的利润为 $\pi_E^m(v_1, v_2) = v_2 p(Q^m)Q^m + (1-v_1)\hat{\pi}$，这是关于 v_1 的减函数，关于 v_2 的增函数。此外，$0 \leq \pi_E^m(v_1, v_2) \leq p(Q^m)Q^m + \hat{\pi}$。由于 $\pi_E^m(v_1, v_2)$ 是关于 v_1 和 v_2 的连续函数，因此总存在 v_1^* 和 v_2^* 使得 $\pi_E^m(v_1^*, v_2^*) = p(Q^C)q_2^C + \hat{\pi} - C$ 并有 $1 - v_1^* \leq v_2^*$。对于给定的 (v_1^*, v_2^*)，它满足 $\pi_E^m(v_1^*, v_2^*) = \pi_E^C(v_1^*, v_2^*)$ 和 $\pi_E^m(v_1^*, v_2^*) > \pi_E^S(v_1^*, v_2^*)$。结果就是，进入者选择接受提供的交叉持股提议并且不进入市场。接着我们将证明在位企业总是选择提供严格正的交叉持股协议 (v_1^*, v_2^*)。如果在位企业提出提议，它将获利 $\pi_I^m = \Pi^m - \pi_E^m(v_1^*, v_2^*) = \Pi^m - \pi_E^C$。如果不提出协议，它将获利 $\pi_I^C = \Pi^C - \pi_E^C$，其中 $\Pi^C < \Pi^M$。所以，$\pi_I^C < \pi_I^m$，这意味着在位企业总是选择提供 (v_1^*, v_2^*)。而此时，进入企业 2 将会接受交叉持股协议并不进入市场。

推论 2.1 的证明：

根据命题 2.2 的证明，v_2^* 是由 $\pi_E^m = \Pi_E^C$ 决定的，即 $v_2 p(Q^m)Q^m = p(Q^C)q_2^C - C$。对于给定的 v_2^*，在位企业选择 v_1^* 使得 $\pi_E^S(v_1, v_2) < \pi_E^m(v_2^*)$。这样，才能确保进入者接受交叉持股协议而不进入市场。因此，在位企业可以获得尽可能高的利润。

第三章
交叉持股技术授权

第一节 引 言

技术授权是指技术拥有者依据相关法律规定，在不转让技术所有权的前提下，与技术接受者订立合同以允许技术接受者在合同约定的范围内使用其创新技术的一种交易行为。在文献中常被讨论的技术授权方式有：固定收费和单位特许权收费（单位产出收费）。但是经验证据表明，世界范围内很多企业以交叉持股的方式将其创新技术授权给其他企业。

2005年8月，CSIRO向PolyNovo企业授权了新的医用聚合物技术，作为回报，CSIRO获得了PolyNovo的部分股权。2006年，微软和Skinkers签署了一项股权换取技术授权的协议，根据协议，微软将其点对点技术（P2P技术）授权给Skinkers使用，同时微软获得了Skinkers的少数股权（Niu，2017）。2000年9月，摩托罗拉（Motorola）企业授予美国环宇显示技术企业（Universal Display Corporation，UDC）OLED技术的使用许可权，作为回报，摩托罗拉获得了UDC的少数股权。维斯瓦斯拉（Vishwasrao，2007）在一项基于1989~1993年间印度制造企业与跨国企业许可协议数据集的实证研究中发现，约四分之一的技术授权协议涉及股权购买。尽管交叉持股技术授权已经相对普遍，但是基于企业竞争研究交叉持股技术授权的文献仍然较少。

交叉持股技术授权对企业竞争的影响是多方面的：首先，技术授权的发生降低了被技术授权者的生产成本，提高了社会生产力；其次，技术授权降低了竞争企业之间的成本差异，这使得市场竞争程度更加激烈；最后，交叉持股使得技术拥有者的综合利润与其竞争对手（也就是被技术授权者）的利润建立了积极的联系，有利于弱化市场竞争，提高技术授权的盈利能力。

基于此，本章试图在古诺双寡头垄断模型下研究和比较交叉持股技术授权和特许权收费技术授权两种技术授权方式[①]。我们发现，对于持有创新技术的企

[①] 王（1998）证明单位特许权收费对于技术拥有企业来说是比固定收费授权更好的方式，因此本章不考虑固定收费授权。

业来说，交叉持股技术授权优于特许权收费技术授权，这一结果与实证观察相一致，即大多数技术使用许可合同都涉及股权购买。然而，对消费者福利和社会福利的进一步分析表明，交叉持股技术授权降低了行业总产出，从而伤害了消费者，特许权收费技术授权可以提高消费者剩余和社会福利。因此，我们从反垄断的角度建议反垄断机构应当更多地关注交叉持股技术授权，尤其是在某些可能使得社会福利减少的情况下。

关于技术授权的文献主要沿两条线发展：一是分析技术授权对企业创新活动的影响，通常只关注一种技术授权形式，如加利尼和温特（Gallini and Winter, 1985）只考虑单位特许权收费技术授权，卡兹和夏皮罗（Katz and Shapiro, 1985）只考虑固定费用收费技术授权。二是研究企业可以选择的技术授权形式，比较各种技术授权形式在企业利润、社会福利等方面的表现。按照技术授权者是否参与生产活动，可以将技术授权分为两类，一类是不参与生产活动的技术授权者，另一类是技术授权者本身是参与产品市场竞争的生产者，同时也将自己的创新技术以一种授权方式授权给其他企业使用，其中技术授权的对象往往是其竞争对手，这一类技术授权者通常也被称为内部创新者。

王（1998）基于技术授权者也是参与产品市场竞争的生产者这一假设，比较了同质古诺双寡头垄断下的固定收费授权和单位特许权收费授权两种技术授权方式，结果表明，如果创新技术是非重大创新技术，对于技术授权者来说，单位特许权收费通常优于固定收费技术授权，原因是单位特许权收费下，技术授权者在一定程度上保持了其成本优势，从而在一定程度上弱化了技术授权引起的竞争加剧效应。如果创新技术是重大创新技术，技术授权者不会将其创新技术授权给生产技术相对较差的企业，而是会利用其成本优势将竞争对手逐出市场。王（2002）将王（1998）所考虑的同质商品模型推广到差异化产品双寡头市场中，结果表明王（1998）的结论在差异化产品寡头市场中仍然成立，此外王（2002）证明，当技术创新是重大创新时，差异化产品市场上可能发生技术授权，仍然是单位特许权收费优于固定费用收费。王和杨（Wang and Yang, 1999）、弗里-奥勒和桑道尼斯（Fauli-Oller and Sandonis, 2002）、波达尔和辛哈（Poddar and Sinha, 2004）、菲利皮尼（Filippini, 2005）、森和塔曼（Sen and Tauman, 2007）以及科伦坡（Colombo, 2012）同样得到了单位特许权收费优于固定收费的结果。

维斯瓦斯拉（2007）在一项基于1989~1993年间印度制造企业与跨国企业

许可协议数据集的实证研究中发现,约四分之一的技术授权协议涉及股权购买。尽管交叉持股技术授权已经相对普遍,但是基于企业竞争研究交叉持股技术授权的文献仍然较少。穆霍帕迪亚等(Mukhopadhyay et al.,1999)是我们所查阅到的第一篇关于交叉持股技术授权的文献,在该论文中,穆霍帕迪亚等人考虑交叉持股授权和固定收费技术授权,发现当技术拥有者选择固定收费授权无利可图的时候,交叉持股授权成为促进技术授权发生的一种有效方式。牛(2017)基于一般的反需求函数在古诺双寡头垄断模型中分析了交叉持股技术授权的盈利能力,进一步对这一技术授权进行了福利分析。上述两篇文献中的交叉持股技术授权都是纯粹的,并没有考虑双重收费技术授权。

最近的文献范等(2018)比较了两种与固定收费结合的双重收费技术授权方式:单位特许权收费和单位收益特许权收费。范等(2018)允许技术创新对两家企业成本的降低幅度不同,并纳入了反垄断机构的规制来限制均衡价格,因此范等(2018)中的单位收益特许权收费可以改善社会福利。然而,范等(2018)并没有回答从社会福利的角度看哪种许可机制是最优的这个问题(研究两部分交叉持股技术授权的文献还包括 Heywood et al.,2014;Colombo and Filippini,2015;San Martin and Saracho,2015)。

那么,当企业面临交叉持股授权和单位特许权收费授权两种授权方式时,会如何选择呢?基于这一问题,本章研究了无价格管制的交叉持股技术授权竞争效应,并进一步进行福利分析,完整的比较了文中介绍的交叉持股技术授权和特许权收费技术授权。

本章剩余部分的结构如下。在第二节,我们构建了一个技术授权的理论模型。在第三节,我们依次分析了三种情况:无技术授权,交叉持股技术授权,和特许权收费技术授权。在第四节,我们对交叉持股技术授权与特许权收费技术授权进行利润和福利上的比较。第五节为结语。

第二节 基 本 模 型

本章的模型建立及分析过程中假设技术创新及技术授权的结果体现在边际

成本的降低。考虑一个同质产品市场，企业 1 与企业 2 在同质产品市场上进行古诺双寡头产量竞争。产品的反需求函数由 P(Q) 表示，其中 Q = q₁ + q₂ 是市场上的行业总产量，q₁ 和 q₂ 分别表示企业 1 和企业 2 的产量。技术创新发生之前，企业的边际成本均为常数，$c_1 = c_2 = c(c > 0)$。企业 1 通过研发等途径，掌握了一项可以降低成本的技术创新，使得其边际生产成本降低至 $c - \varepsilon$。假设企业 1 的技术创新是非重大创新，也就是边际成本降低水平 ε 不是很大，企业 2 并没有因成本劣势退出市场，两个企业均活跃在市场中，则 $\varepsilon < \dfrac{c}{\eta(c)}$，其中 $\eta(c)$ 是价格弹性系数①。沿用卡门等（Kamien et al., 1992）的假设，$\eta(p) = -\dfrac{pQ'}{q}$ 关于价格 p 单调递增。进一步地，以下关于市场需求的假设将贯穿本章始终。

假设 3.1 市场反需求函数是二阶可导的，且 $P'(Q) < 0$, $P'(Q) + QP''(Q) < 0$, i = 1, 2。

假设 3.1 保证了企业的反应函数曲线是向下倾斜的，其等价于 $P'(Q) + q_i P''(Q) < 0$（参见 Shapiro, 1989）。

给定企业 1 的技术创新可以降低边际成本，技术授权可能会使竞争企业双方均受益。我们主要考虑两种形式的技术授权，交叉持股技术授权（ad valorem licensing）和特许权收费技术授权（per-unit royalty licensing）。在交叉持股技术授权形式下，企业 1 将其创新技术授权给企业 2 使用，以获取企业 2 一定股份作为其报酬，通过这种方式，企业 1 可以获得企业 2 生产利润的分红。在特许权收费技术授权情形下，企业 1 将其创新技术授权给企业 2 使用，企业 2 使用新技术每生产一单位产品，将付给企业 1 固定的费用 r，即单位产出费。本章中的技术授权博弈包括以下三个阶段：

阶段 1：企业 1 作为市场领导者（Stackelberg leader）先行做出决策，设置一个交叉持股技术授权的持股比例或者特许权收费下的单位产出费；

阶段 2：企业 2 作为市场追随者（Stackelberg follower），决定是否接收企业 1 提出的技术授权合同；

阶段 3：企业 1 和企业 2 进行非合作的古诺产量竞争。

---

① 如果企业 1 的技术创新是重大创新，那么企业 2 将退出市场，企业 1 基于成本优势垄断市场。

第三节　技术授权理论分析

一、无技术授权

首先，我们分析企业 2 拒绝接受企业 1 的技术授权合同，也就是不发生技术授权情形。无技术授权情形下，企业 1 使用其创新技术，因此边际成本 $c_1 = c - \varepsilon$，而企业 2 没有获得企业 1 的技术授权，使用旧技术生产，边际成本 $c_2 = c$。则两企业的生产利润函数如下：

$$\begin{cases} \pi_1 = (P(Q) - c_1)q_1 \\ \pi_2 = (P(Q) - c_2)q_2 \end{cases}$$

本节用 q_1^{NL} 和 q_2^{NL} 分别表示企业 1 和企业 2 的古诺均衡产量，其中上标"NL"表示"非技术授权"，则 q_1^{NL}、q_2^{NL} 是如下企业利润最大化一阶条件方程组的解：

$$\begin{cases} P(Q) + P'(Q)q_1 = c - \varepsilon \\ P(Q) + P'(Q)q_2 = c \end{cases} \quad (3.1)$$

由方程组（3.1）可得，均衡总产量 Q^{NL} 满足如下方程：

$$2P(Q) + P'(Q)Q = 2c - \varepsilon \quad (3.2)$$

令 $\Pi^{NL} = \pi_1^{NL} + \pi_2^{NL}$ 表示无技术授权下两个企业的联合均衡利润，其中 π_1^{NL}、π_2^{NL} 分别表示企业 1 和企业 2 的均衡利润，则 $\pi_1^{NL} = (P(Q^{NL}) - c + \varepsilon)q_1^{NL}$，$\pi_2^{NL} = (P(Q^{NL}) - c + \varepsilon)q_2^{NL}$。

二、交叉持股技术授权

下面分析交叉持股技术授权。在博弈第一阶段，企业 1 会提出一个固定的持股比例，记为 v，即企业 1 以其可以降低成本的创新技术换取企业 2 股份 v；在博弈第二阶段，已知企业 1 的创新技术可以使边际成本降低 ε，假设企业 2 接受了企业 1 提出的以技术授权换取持股 v 的要求[①]；在博弈第三阶段，企业 1、企业 2 在同质产品市场上以相同的边际成本进行古诺产量竞争，即 $c_1 = c_2 = c - \varepsilon$。在博弈第三阶段，企业 1 和企业 2 的利润函数如下：

$$\begin{cases} \pi_1 = (P(Q) - c_1)q_1 + v(P(Q) - c_2)q_2 \\ \pi_2 = (1-v)(P(Q) - c_2)q_2 \end{cases}$$

本节用 q_1、q_2 分别表示企业 1、企业 2 在交叉持股技术授权下的古诺均衡产量，则 $q_1(v)$、$q_2(v)$ 是如下企业利润最大化的一阶条件方程组的解：

$$\begin{cases} P(Q) + P'(Q)q_1 = c - \varepsilon - vP'(Q)q_2 \\ P(Q) + P'(Q)q_2 = c - \varepsilon \end{cases} \quad (3.3)$$

将方程组（3.3）两式左右分别相加，得

$$2P(Q) + P'(Q)Q + vP'(Q)q_2 = 2c - 2\varepsilon \quad (3.4)$$

牛（2017）已经证明 $\frac{\partial \pi_1}{\partial v} > 0$，$\frac{\partial \pi_2}{\partial v} < 0$ 以及 $\frac{\partial Q}{\partial v} < 0$。也就是，对于企业 1 来说，持股比例 v 越大越好，而对企业 2 来说，持股比例 v 越小越好，这也符合我们的直观理解。此外，持股比例 v 越大，均衡总产量越低，这与已有交叉持股对产量竞争的影响结论一致。以利润最大化为目标的企业提议的交叉持股比例是 v^* 如下问题的解：

$$\max_v \pi_1(v)$$
$$s.t. \begin{cases} \pi_1(v) \geq \pi_1^{NL} \\ \pi_2(v) \geq \pi_2^{NL} \end{cases}$$

结合 $\frac{\partial \pi_1}{\partial v} > 0$ 和 $\frac{\partial \pi_2}{\partial v} < 0$ 可得，企业 1 提出的交叉持股 v^* 一定使得 $\pi_2 = \pi_2^{NL}$。

沿用牛（2017）的方法，将 $v = \frac{q_1^{NL} - q_2^{NL}}{q_1^{NL}}$ 代入方程组（3.3）可得两企业均衡产量 $q_1(v) = q_2^{NL}$、$q_2(v) = q_1^{NL}$，则行业总产出 $Q(v) = Q^{NL}$。因此，当 $v = \frac{q_1^{NL} - q_2^{NL}}{q_1^{NL}}$ 时，

[①] 若企业 2 不接受技术授权合同，则不发生技术授权。

两企业联合利润 $\Pi(v) = (P(Q^{NL}) - c + \varepsilon)Q^{NL} > (P(Q^{NL}) - c + \varepsilon)Q^{NL} - \varepsilon q_2^{NL} = \Pi^{NL}$，且 $\pi_1(v) = \pi_1^{NL}$，$\pi_2(v) > \pi_2^{NL}$。这表明，企业 1 总是有动机将非重大创新技术授权给企业 2，以获得企业 2 股份。又因为企业 1 提议的股份 v^* 一定满足方程 $\pi_2(v^*) = \pi_2^{NL}$，则必有 $v^* > \dfrac{(q_1^{NL} - q_2^{NL})}{q_1^{NL}}$。对企业 1 来说，其最优的持股提议 v^* 是如下问题的解：

$$\max_v (P(Q) - c_1)q_1(v) + v(P(Q) - c_2)q_2(v)$$
$$\text{s. t. } (1-v)(P(Q) - c_2)q_2(v) \geqslant \pi_2^{NL} \tag{3.5}$$

交叉持股技术授权下，企业均衡产量 $q_1^C = q_1(v^*)$，$q_2^C = q_2(v^*)$，分别代入利润函数可得技术授权下均衡利润 $\pi_1^C = \pi_1(v^*)$，$\pi_2^C = \pi_2(v^*)$，其中上标"C"表示交叉持股技术授权。类似地，本章后面对交叉持股技术授权下的均衡结果均做类似标记。由于 $v^* > \dfrac{(q_1^{NL} - q_2^{NL})}{q_1^{NL}}$，$\dfrac{\partial Q}{\partial v} < 0$，均衡总产量 $Q^C < Q^{NL}$。此外，企业 1 均衡利润 $\pi_1^C > \pi_1^{NL}$，企业 2 均衡利润 $\pi_2^C = \pi_2^{NL}$。

关于交叉持股技术授权，我们有如下命题。

命题 3.1　在交叉持股技术授权下，企业 1 总是会提议将其非重大创新技术授权给企业 2，以获取企业 2 一定的股份，且交叉持股技术授权后的行业总产量小于非技术授权下的总产量，即 $Q^C < Q^{NL}$。

交叉持股技术授权下，一方面，技术接受者得到了创新技术授权，成本降低，有利于增加产出进而增加行业总产量；另一方面，技术授权者通过技术授权持有技术接受者一定比例的股份，同交叉持股情形类似，此时，技术授权者和技术接受者彼此利益相关，技术授权者有动机减少生产，弱化行业竞争，提高行业价格和利润，进而通过取得更多利润分红来提高其综合收益。根据以上分析，技术授权者由于两企业利益相关而减少生产的幅度超过了技术接受者由于成本降低而增加生产的幅度，因此交叉持股技术授权弱化了行业竞争，行业总产量减少，行业总利润增加，也就是说，交叉持股技术授权提高了行业盈利能力。

三、特许权收费技术授权

本节主要分析特许权收费技术授权。企业 1 将其非重大创新技术授权给企业 2，企业 2 每生产一单位产品向企业 1 交纳单位特许权收费 r，其中 $r \leq \varepsilon$。如果此特许权收费协议达成，在博弈第三阶段，企业 1 和企业 2 的利润如下表示：

$$\begin{cases} \pi_1 = (P(Q) - c_1)q_1 + rq_2 \\ \pi_2 = (P(Q) - c_2 - r)q_2 \end{cases}$$

其中 $c_1 = c_2 = c - \varepsilon$。本节用 $q_1(r)$、$q_2(r)$ 分别表示特许权收费下企业的古诺均衡产量，则 $q_1(r)$、$q_2(r)$ 是如下利润最大化一阶条件的解：

$$\begin{cases} P(Q) + P'(Q)q_1 = c - \varepsilon \\ P(Q) + P'(Q)q_2 = c - \varepsilon + r \end{cases} \tag{3.6}$$

将方程组（3.6）两式左右分别相加，得

$$2P(Q) + P'(Q)Q = 2c - 2\varepsilon + r \tag{3.7}$$

如果特许权收费 $r = \varepsilon$，将之代入方程（3.7）可得 $2P(Q) + P'(Q)Q = 2c - \varepsilon$，这与方程（3.2）一致。也就是，当 $r = \varepsilon$ 时，企业 2 的边际成本 $c_2 = c - \varepsilon - r = c$，而企业 1 的边际成本 $c_1 = c$，所以，当特许权收费 $r = \varepsilon$ 时，特许权收费技术授权下的均衡产量与无技术授权下的均衡产量相等。因此，企业 1 总有动机将其非重大创新技术以特许权收费形式授权给企业 2。其中，最优的单位特许权收费 r^* 是如下问题的解：

$$\begin{aligned} &\max_r (P(Q) - c_1)q_1(r) + rq_2(r) \\ &\text{s.t. } (P(Q) - c_2 - r)q_2(r) \geq \pi_2^{NL} \end{aligned} \tag{3.8}$$

记特许权收费下均衡产量 $q_1^R = q_1(r^*)$、$q_2^R = q_2(r^*)$，其中上标"R"表示"特许权收费"。类似的，用 π_1^R、π_2^R 分别表示企业 1、企业 2 的均衡利润。由于 $r \leq \varepsilon$，根据假设 1，$2P(Q) + P'(Q)Q$ 关于行业总产量 Q 单调递减，比较方程（3.2）和方程（3.7）右端，有 $2c - \varepsilon \geq 2c - 2\varepsilon + r$，则 $Q^R \geq Q^{NL}$。

命题 3.2 特许权收费技术授权下，企业 1 总是会选择将其非重大创新技术授权给企业 2。最优的单位特许权收费 r^* 由最优化问题式（3.8）的解给出，且 $Q^R \geq Q^{NL}$。

特许权收费技术授权下，企业间的边际成本差异降低（甚至无差异），强化了市场竞争强度，因此提高了行业总产量。更重要的是，通过技术授权，市场效率增加，行业生产更加有效，企业联合利润增加，因此，技术创新企业对其竞争对手进行特许权收费技术授权是有利可图的。

第四节 两种技术授权的比较

通过前两节的分析已经证明，与无技术授权情形相比，无论是交叉持股技术授权还是特许权收费技术授权，行业总利润均增加，持有非重大创新技术的企业 1 均有动机进行技术授权，且行业总产量 $Q^R \geqslant Q^{NL} > Q^C$。也就是说，与已有的交叉持股文献（Reynolds and Snapp，1986；Flath，1991）中交叉持股对产量竞争的影响效果类似，交叉持股技术授权同样可以减少行业产出、弱化市场竞争。在同质产品竞争市场上，消费者剩余 $CS = \int_0^Q P(t)dt - P(Q)Q$，则 $\frac{dCS}{dQ} = -P'(Q)Q > 0$，消费者剩余随行业产出的增加而增加，因此，企业 1 与企业 2 达成交叉持股技术授权协议后，消费者剩余减少，而如果企业 1 与企业 2 达成特许权收费技术授权协议，消费者剩余增加。

命题 3.3 如果企业 1 拥有可以降低成本的非重大创新技术，以特许权收费方式对企业 2 进行技术授权比以交叉持股方式对企业 2 进行技术授权会带来更高的消费者剩余。

命题 3.3 表明，企业 1 以特许权收费方式对企业 2 进行技术授权对消费者更有利。原因在于，特许权收费技术授权使得企业 2 边际成本降低，则生产效率提高，同时企业间成本差异减小，市场更加竞争，因此特许权收费技术授权对消费者剩余有利；而对于交叉持股技术授权来说，生产效率提高的同时，弱化了市场竞争，对消费者不利，则消费者剩余相对较低。

下面从企业 1 利润大小这一角度比较交叉持股技术授权和特许权收费技术授权的优劣。第三章第二节和第三节中已经证实，在这两种技术授权方式下，企业 1 都有动机将其非重大创新技术授权给企业 2 使用。在交叉持股技术授权下，两企业的联合利润为 $\Pi^C = (P(Q^C) - c + \varepsilon)Q^C$。在特许权收费技术授权下，两企业的联合利润为 $\Pi^R = (P(Q^R) - c + \varepsilon)Q^R$。关于两种技术授权下企业的联合利润，我们给出如下引理。

引理 3.1 交叉持股技术授权下的行业联合利润高于特许权收费下的行业联合利润，也就是 $\Pi^C > \Pi^R$。

在交叉持股技术授权下，以利润最大化为目标的企业 1 提出的转让技术条件，即持股比例 v^*，满足 $\pi_2^C = \pi_2^{NL}$，联合利润 $\Pi^C = (P(Q^C) - c + \varepsilon)Q^C$。因此，企业 1 利润 $\pi_1^C = \Pi^C - \pi_2^{NL}$ 在特许权收费技术授权下，最优的单位特许权收费 $r^* \leq \varepsilon$，即企业 2 的均衡利润至少和无技术授权下一样，$\pi_2^R \geq \pi_2^{NL}$。则企业 1 利润 $\pi_1^R = \Pi^R - \pi_2^R \leq \Pi^R - \pi_2^{NL}$ 进一步的，根据引理 3.1：

$$\pi_1^C = \Pi^C - \pi_2^{NL} > \Pi^R - \pi_2^{NL} \geq \pi_2^R$$

则，企业 1 在交叉持股技术授权下利润更高，因此我们有如下定理。

命题 3.4 假设企业 1 拥有可以降低成本的非重大创新技术，对于企业 1 来说，以交叉持股方式与企业 2 达成技术授权协议要优于以特许权收费方式与企业 2 达成技术授权协议。

引理 3.1 和命题 3.4 的经济学解释如下。一方面，在交叉持股技术授权下，企业 1 通过技术授权可以获取企业 2 部分股份，这使得企业 1 在做出产量决策时，不仅考虑自身生产利润大小，也要权衡企业 2 生产利润的大小，产量决策趋于保守，因此，市场上的产量竞争程度减弱，随着交叉持股比例的增加，行业总产量趋于垄断水平。另一方面，技术授权使得企业 2 边际成本减小，竞争加剧，但是成本减小导致的强化竞争效应可以完全被交叉持股引起的弱化竞争效应所抵消。对于联合利润来说，既得益于边际成本减小，生产效率提高，又得益于企业竞争程度弱化，因此联合利润增加。在特许权收费技术授权下，企业 2 因获得技术授权，边际成本降低，生产效率提高，与企业 1 边际成本差异减小，则技术授权对边际成本的降低使得市场竞争程度加强，因此，市场更加竞争，均衡总产量增加，一方面，联合利润因均衡总产量增加而减少；另一方面，联合利润因企业 2 边际成本降低而增加，则联合利润增加幅度相对较小。那么，在交叉持股技术授权下联合利润更高，这使得作为博弈先行者的企业 1 在交叉持股技术授权下获取更高利润。

下面，我们比较两种技术授权方式下的社会福利，也就是消费者剩余和企业利润之和 $SW = \pi_1 + \pi_2 + CS$ 其中 $CS = \int_0^Q P(t)dt - P(Q)Q$。根据前述分析，交叉持股技术授权一方面减少了消费者剩余；另一方面，交叉持股技术授权弱化了市场竞争，且提高了生产力，从而企业联合利润增加，因此，交叉持股技术对社会福利的影响效应是不确定的，可能增加社会福利，也可能减少社会福利。而特许权收费技术授权增加了消费者剩余，同时也增加了企业联合利润，则必有社会福利的增加。但是，交叉持股技术授权下的社会福利和特许权收费下的社会福利的大小比较仍然不确定，需要我们进一步地分析。

技术授权协议达成后，企业的边际成本为 $c_1 = c_2 = c - \varepsilon$，交叉持股技术授权和特许权收费技术授权下的社会福利均可以整理如下：

$$SW = (P(Q) - c + \varepsilon)Q + \int_0^Q P(t)dt - P(Q)Q$$

对社会福利 SW 关于行业总产量 Q 求导，并简单整理得 $\frac{dSW}{dQ} = P(Q) - c + \varepsilon > 0$，这意味着，当企业以相同边际成本 $c - \varepsilon$ 生产时，行业总产出越高，社会福利越高。

引理 3.2 如果技术授权协议达成，社会福利随着行业总产出的增加而增加。

前述分析已经证明，特许权收费技术授权下的行业总产出大于交叉持股技术授权下的行业总产出，即 $Q^R > Q^C$，则特许权收费技术授权下的社会福利更高。

命题 3.5 如果企业 1 拥有可以降低成本的非重大创新技术，与交叉持股技术授权相比，以特许权收费方式将非重大创新技术授权给企业 2 的社会福利更高。

根据我们前面的分析，交叉持股技术授权下的社会福利低于特许权收费技术授权下的社会福利也是符合经济直觉的。当企业 1 以交叉持股方式与企业 2 达成技术授权协议时，市场变得更加集中，行业总产出减少。但是，根据第三章第三节的分析，特许权收费技术授权下行业总产出增加。从社会福利角度看，技术授权对社会福利有两方面影响：产出效应和价格效应。一方面，行业产出的增加提高了消费者剩余，从而对社会福利有利；行业产出的减少降低消费者剩余，从而对社会福利不利。另一方面，行业产出增加，价格降低，损害了生产者利润，对社会福利不利；行业产出减少，价格提高，生产者利润增加，对社会福利有利。在本章的技术授权模型中，产出效应对社会福利的影响占优于价格效应对社会福利的影响。

比较技术授权下的社会福利和非技术授权下的社会福利也是一个非常值得研究的问题。根据前面分析已经知道，特许权收费技术授权下 $r = \varepsilon$ 的行业总产量和交叉持股技术授权下 $v = \dfrac{q_1^{NL} - q_2^{NL}}{q_1^{NL}}$ 的行业总产量相等，均为 Q^{NL}。根据引理 3.2，$SW|_{r=\varepsilon} = SW|_{v = \frac{q_1^{NL} - q_2^{NL}}{q_1^{NL}}} = \widehat{SW}$，其中 $\widehat{SW}$ 表示特许权收费技术授权下 $r = \varepsilon$ 和交叉持股技术授权下 $v = \dfrac{q_1^{NL} - q_2^{NL}}{q_1^{NL}}$ 的社会总福利。由于技术授权提高了行业生产力，联合利润增加而消费者剩余不变，显然有 $\widehat{SW} > SW^{NL}$。由前面分析已知，特许权收费技术授权下行业均衡总产量 $Q^R \geqslant Q^{NL}$，则 $SW^R \geqslant SW^{NL}$，因此我们有 $SW^R \geqslant \widehat{SW} > SW^{NL}$。也就是说，与非技术授权相比，特许权收费技术授权总是可以提高社会总福利。

在交叉持股技术授权下，行业均衡总产量 Q^C 小于非技术授权下行业均衡总产量 Q^{NL}，根据引理 3.2，$SW^C < \widehat{SW}$。而 $SW^{NL} < \widehat{SW}$，所以交叉持股技术授权下的社会总福利 SW^C 是否高于非技术授权下的社会总福利 SW^{NL} 仍然未知。有学者（San Martin and Saracho，2010）已经给出，线性需求模型下一定有 $SW^{NL} < SW^C < \widehat{SW}$。而对于其他形式的需求函数，交叉持股技术授权是否提高了行业总福利取决于技术创新的大小以及市场需求特点。在牛（2017）给出的例子中，如果市场需求函数为 $P(Q) = a - \sqrt{Q}$，且技术创新非常小，则交叉持股技术授权可能降低了社会总福利。

推论 3.1 与非技术授权相比，特许权收费技术授权总是可以提高社会总福利，而交叉持股技术授权对社会总福利的影响不确定，可能提高社会总福利，也可能减少社会总福利。

为防止交叉持股技术授权对社会福利的不利影响，政府可以对交叉持股技术授权的股份获取比例予以进一步的调查研究，在必要的时候，可以要求技术授权企业减少对被授权企业的持股比例。关于政府对部分所有权获得的相关规定的例子见于司徒米尔（Stuhmeier，2016）。

已有的经验证据表明，现实世界中，交叉持股技术授权是除特许权收费技术授权和固定费用技术授权之外的一种常见的商业惯例。在我们的模型中，与特许权收费技术授权相比，持有可降低边际成本创新技术的企业确实更希望将其创新技术以交叉持股技术授权的方式授权给竞争对手使用（定理 3.4），然而，交叉持股技术授权下的社会福利低于特许权收费技术授权下的社会福利（定理3.5），此外，交叉持股技术授权使得行业总产量降低，对消费者不利（定理3.6）。因此，我们根据以上分析建议，反垄断机构应当关注交叉持股技术授权这一商业惯例，对交叉持股技术授权予以相关规制，并对具体案例予以审查，以确定是否应当支持其通过。

第五节 结 论

经验证据表明，世界范围内很多企业以交叉持股技术授权方式将其创新技术授权给其他企业，但是关于交叉持股技术授权的理论研究相对较少。本章在古诺双寡头垄断模型下分别分析了交叉持股技术授权和特许权收费技术授权，结果表明，不管是交叉持股技术授权模式还是特许权收费技术授权模式，持有非重大创新技术的技术拥有者总是有动机将其创新技术授权给其竞争对手。进一步地对两种技术授权方式进行比较，发现交叉持股技术授权下的企业1的利润优于特许权收费技术授权下的企业1的利润，但是特许权收费技术授权提高了社会福利和消费者剩余，而交叉持股技术授权对消费者不利，对社会福利的影响不确定，依赖于市场需求函数的具体形式。可以肯定的是，特许权收费技术授权下的社会福利和消费者剩余均优于交叉持股技术授权情形，因此反垄断机构应当进一步关注交叉持股技术授权是否不利于市场竞争，并在一定程度上规制交叉持股技术授权，以尽量使得交叉持股技术授权在不损害社会福利的前提下更好的提高技术创新企业利润，从而促进企业创新。

在现有模型的基础上，仍然有许多值得今后研究的方向。一个方向是比较多寡头行业中这两种技术许可机制，看看哪种技术授权方法最适合技术创新企业。在创新者将技术出售给竞争对手的情况下，由于众所周知的"搭便车"行为，在该行业中，不仅仅是技术授权者和技术被授权者可以从市场集中化中获益，其他所有仍然采用旧技术的竞争对手也将从市场集中化中获得一些好处，因此交叉持股技术授权下技术创新者可能无法保持其优势。另一个方向是将分析扩展到混合双寡头垄断市场中，无论是国有企业还是民营企业都可以成为技术创新者，而在混合寡头垄断市场上，对应于国有企业作为技术创新者和对应于民营企业作为技术创新者的最佳技术授权机制应该是不同的，也值得我们进一步分析研究。

本 章 附 录

引理 3.1 的证明:

假设行业完全垄断情形下的总产量为 Q^m,则 Q^m 是联合利润函数最大化一阶条件的解,即,Q^m 满足方程 $P(Q) + P'(Q)Q = c - \varepsilon$。当 $v = 1$ 时,两企业达到完全垄断情形,则行业总产量为 Q^m,而对于非重大创新技术授权,必有交叉持股 $v < 1$,则必有 $Q^m < Q^C$。当行业总产量 $Q \in [Q^m, Q^R]$ 时,根据假设(3.1),行业总利润函数 $\Pi(Q) = (P(Q) - c + \varepsilon)Q$ 关于 Q 单调递减,而 $Q^m < Q^C < Q^R$,则 $\Pi^C > \Pi^R$。

第四章
外资持股与过度进入

第一节 引 言

自由进入对于社会来说是合意的吗？在一本有影响力的作品中，曼丘和温斯顿（Mankiw and Whinston，1986）向我们展示了在生产同质化产品且拥有规模经济的寡头垄断市场中，这个问题的答案通常是否定的。因此，它向我们展现了在某些市场对反竞争进入进行监管的基本原理。在他们的文章中，过度进入的原因归为市场进入带来的市场挤占效应。随着市场上企业数量的增加，市场挤占效应会降低每个企业的均衡产出。正如曼丘和温斯顿（1986）解释的那样，市场挤占效应使得市场进入者和社会规划者对进入的可取性的评估产生了差距，因为进入者只关心他自己的利润，而社会规划者不仅需要关注企业的利润还需要关注消费者剩余。此外，进入者对社会总剩余的边际贡献等于其利润与其他企业减产造成的产出损失的社会价值之间的差额。最后，市场挤占效应使得市场进入比社会授权的具有更大吸引力。因此曼丘和温斯顿（1986）在考察寡头垄断行业市场进入的福利效应方面展现了极大的兴趣（比如，Fudenberg and Tirole，2000；Okuno-Fujiwara and Suzumura，1993；Suzumura and Kiyono，1987）。在曼丘和温斯顿（1986）以及铃村和清野（Suzumura and Kiyono，1987）证明过度进入理论25年后，铃村（Suzumura，2012）展示了对于过度进入理论的精彩回顾[①]。

在同质的封闭寡头垄断市场中，松村（1998）、松村以及坎达（Matsumura and Kanda，2005）证明了在短期中，部分私有化是社会最优的，而在长期中，允许民营企业自由进入的完全国有化总是最优的。布兰多和卡斯特罗（Brandao and Castro，2007）延伸了松村和坎达（2005）的构架，证明了国有企业的存在可以作为避免过度进入问题监管的一种替代策略。王和陈（2010）考虑了在开

[①] 最近的一些论文表明，如果存在垂直关系，在具有规模经济的寡头垄断市场中，市场进入有可能是不够的（Ghosh and Morita，2007a；2007b）。考虑到空间竞争（Matsumura and Okamura，2006），技术许可（Mukherjee and Mukherjee，2008），市场结构（Mukherjee，2012）以及开放经济（Ghosh et al.，2010；Marjit and Mukherjee，2011）等不同问题，在这一领域还展开了其他研究。这些论文表明，除了市场挤占效应以外，市场进入还会影响投入价格、技术，增加需求弹性和市场领导力，从而产生进一步影响。

放经济中，国有企业和民营企业效率的差异，发现从长期来看，允许自由进入的部分私有化始终是最好的政策。尽管松村和坎达（2005）以及王和陈（2010）考虑到了自由进入，但是他们的论文并没有注意到过度进入的问题。

为了研究在混合寡头企业中，国有企业是否是合意的，伊诺和松村（Ino and Matsumura，2010）比较了产品市场不同竞争类型下的福利和消费者剩余。结果表明，当国有企业作为斯塔克伯格博弈中的领导者，会减少消费者剩余，而民营企业作为领导者会提高消费者剩余。卡托（Cato，2012）说明了如果企业的数量是内生的，那么国有企业效率的下降会降低社会福利，并且导致在古诺竞争下过度的民营企业进入。王和穆克纪（Wang and Mukherjee，2012）比较了不同数量民营企业下的福利，并重点研究了市场进入，发现追求利润最大化的民营企业的进入会以消费者剩余的减少为代价提高企业的利润和社会总剩余。然而，一个重要的问题还没有被充分的解答：在允许自由进入的混合寡头垄断市场中，企业策略的选择顺序如何影响市场效率呢？对这个问题的思考激励我们重新去解释过度进入的问题①。

需要注意的是，市场领导者的考虑对市场进入监管政策具有明确的实证相关性和政策含义。我们注意到，过度竞争往往出现在钢铁、炼油、石化、水泥，造纸和纸浆以及制糖等行业。穆克纪（2012）指出，上述许多行业的特点是存在占主导地位的企业，并表明在封闭的经济中，如果没有达到规模经济那么市场进入对于社会来说总是无效率的。他也证实了如果市场领导者和追随者之间的边际成本差额很大，那么尽管存在规模经济，市场进入对于社会来说依旧有可能是无效率的。更进一步来讲，在存在外来领导者的开放经济中，市场进入总是社会无效率的。

一家具有领导地位的国有企业和许多允许拥有外资的民营企业竞争，这样的结构我们认为是一个混合市场产业。王和陈（2011a）以及卡托和松村（2012）探讨了在混合寡头垄断市场中，外国资本进入对私有化的影响。在这里，我们想分析当国有企业拥有外资所有权时对市场的领导情形并考察私人进入对于社会来说是否是合意的。在这篇论文中，我们要做的不仅是延伸王和穆克纪（2012）以及卡托（2012）的成果，还要从社会最优的角度获取对扭曲的

---

① 在一个三阶段博弈中，卡托和冲（Cato and Oki，2012）说明了当市场进入是内生的时候，均衡值（包括领导者的策略和进入者的策略）独立于现存竞争者的这些属性。

测度方法以补充伊诺和松村（2010）以及穆克纪（2012）的成果。我们发现当外资持股比例较低时，私人追随者的进入会导致更低的消费者福利和更高的社会总福利，同时，已有国有企业的利润在有市场进入时高于没有市场进入时。我们也应该明确，在国有企业领导下，不管市场结构与外资持股份额如何，过度进入的问题始终存在，因为国有企业发挥了补充作用。

本章接下来的部分按如下结构展开。第二节介绍基本模型。第三节将展示在国有企业领导下的均衡结果。在第四节，我们考察在国有企业领导下，从社会效率角度来看过度进入理论。第五节是对本章的总结。

第二节 基本模型

假设在一个同质产品市场，有一家国有企业和 n 家民营企业参与斯坦格伯格竞争。商品具有线性反需求函数 $P = a - Q$。供应方程为 $Q = q_0 + \sum q_i$，其中 q_0 和 q_i 分别表示国有企业和民营企业的产量。我们同时假设，国有企业和民营企业的成本函数分别为 $C_0 = cq_0$ 和 $C_i = dq_i$。在不失一般性的情况下，假设 $d = 0$。$d = 0$ 的假设表明，民营企业比国有企业更有成本效率，这意味着这两类企业之间存在效率差距。国有企业的利润为：

$$\pi_0 = Pq_0 - C_0 \tag{4.1}$$

对于利润最大化的民营企业，最优化问题是：

$$\text{Max.}_{\{q_i\}} \pi_i = Pq_i - C_i, \quad i = 1, 2, \cdots, n \tag{4.2}$$

根据文献中的假设，考虑到国有企业的目标方程是使国内社会福利最大化：

$$SW = CS + \pi_0 + (1 - \alpha) \sum \pi_i \tag{4.3}$$

式（4.3）中，$CS = \dfrac{Q^2}{2}$ 代表消费者剩余，α 代表外国投资者的持股比例。重要的是我们要意识到，当政府试图提高国有企业的效率时，将其私有化或发行股份并不是最佳的政策选择。因此，当国有企业股份的发行不公开时，外国企业自然不被允许进入。

以子博弈完美纳什均衡（SPNE）为平衡概念，可采用逆向归纳法对此进行求解。

第三节 均衡结果和比较静态分析

本节详细阐述了国有企业担任"领导者"的情况，即国有企业首先选择产量。本节首先考虑没有市场进入的情况，然后在下一节考虑存在市场进入的情况。

一、均衡结果

在第二阶段，民营企业 i 的最大化问题由下式给出：$\max._{q_i} \pi_i$。上述最大化问题的一阶条件是

$$\frac{\partial \pi_i}{\partial q_i} = a - q_0 - 2q_i + \sum_{j=1,i\neq j}^{n} q_j = 0 \tag{4.4}$$

由于对称解，$q_i = q_j$，我们有 $q_i = \frac{a - q_0}{1 + n}$。

在第一阶段，结合等式（4.4），国有企业的最大化问题为：$\max._{q_0} SW$。上述最大化问题的一阶条件是

$$\frac{\partial SW}{\partial q_0} = \frac{a - c(1+n)^2 + 2an\alpha - (1+2n\alpha)q_0}{(1+n)^2} = 0 \tag{4.5}$$

由等式（4.5），若 $a(1+2n\alpha) - c(1+n)^2 > 0$ 和 $q_i = \frac{c(1+n)}{1+2n\alpha}$ 成立，则 $q_0 = \frac{a(1+2n\alpha) - c(1+n)^2}{1+2n\alpha}$。

短期内的均衡结果为：

$$p^* = \frac{c(1+n)}{1+2n\alpha} \tag{4.6}$$

$$Q^* = a - \frac{c(1+n)}{1+2n\alpha} \tag{4.7}$$

$$\pi_0 = \frac{cn(1-2\alpha)[a(1+2n\alpha) - c(1+n)^2]}{(1+2n\alpha)^2} \tag{4.8}$$

$$\pi_i = \frac{c^2(1+n)^2}{(1+2n\alpha)^2} \tag{4.9}$$

$$CS = \frac{[a(1+2n\alpha) - c(1+n)^2]^2}{2(1+2n\alpha)^2} \tag{4.10}$$

$$SW = \frac{c^2(1+n)^2 + a^2(1+2n\alpha) - 2a(c+2cn\alpha)}{2+2n\alpha} \tag{4.11}$$

二、比较静态分析

将均衡结果关于 n 求导，我们得到：

如果 $\alpha < (=, >) \frac{1}{2}$，$\frac{\partial q_0}{\partial n} = -\frac{2c(1+n+(-1+n^2)\alpha)}{(1+2n\alpha)^2} < 0$，则 $\frac{\partial Q^*}{\partial n} = \frac{c(2\alpha-1)}{(1+2n\alpha)^2} < (=, >) 0$

如果 $\alpha < (=, >) \frac{1}{2}$，$\frac{\partial q_i}{\partial n} > (=, <) \frac{c(1-2\alpha)}{(1+2n\alpha)^2}$

如果 $\alpha < (=, >) \frac{1}{2}$ 且 $a > \frac{c(1+n)(1+3n-2n\alpha+2n^2\alpha)}{1+2n\alpha} \equiv \bar{a}$，则

$$\frac{\partial \pi_0}{\partial n} = \frac{c(2\alpha-1)\{-a(1+2n\alpha) + c(1+n)[1+3n+2(n-1)n\alpha]\}}{(1+2n\alpha)^3} > (=, <) 0$$

如果 $\alpha < (=, >) \frac{1}{2}$，$\frac{\partial \pi_i}{\partial n} = -\frac{2c^2(1+n)(2\alpha-1)}{(1+2n\alpha)^3} > (=, <) 0$

如果 $\alpha < (=, >) \frac{1}{2}$，$\frac{\partial CS}{\partial n} = -\frac{c(2\alpha-1)[a-c(1+n)+2an\alpha]}{(1+2n\alpha)^3} < (=, >) 0$

$$\frac{\partial SW}{\partial n} = \frac{c^2[1+n+(n^2-1)\alpha]}{(1+2n\alpha)^2} > 0$$

注意，$a > \bar{a}$ 保证了 $a(1+2n\alpha) - c(1+n)^2 > 0$，并且 $q_0 > 0$ 对所有 $\alpha \in [0,1]$ 都成立。本章得到的比较静态分析扩展了王和穆克纪（2012）得出的私人利润

最大化企业的进入是以牺牲消费者福利为代价增加国有企业的利润、行业利润和社会福利这一结果，在本书中，我们表明，即使更强的竞争确实提高了社会福利，但它是否会使消费者福利增加，取决于市场对外资持有者的开放程度。当社会福利结构分解为消费者剩余和生产者剩余时，可以看出，消费者剩余的变化与生产者剩余的变化相反，与外资股权无关。最后，$\alpha < 1/2$ 时表明，私人利润最大化公企业的进入使消费者情况更糟。然而，当国有企业为斯塔克伯格下的"领导者"时，无论外资持股比例如何，民营企业的进入都能提高社会福利。

我们有以下命题。

命题 4.1 如果外资持股比例低于 1/2，则国内消费者不希望有市场进入，而且有市场进入时，现存国有企业的利润高于没有市场进入时。

在不考虑零利润条件的分析中，民营企业的进入会使消费者剩余减小，而当市场规模较大时，现有企业的利润在 $\alpha < 1/2$ 时可能会增加。理由是，随着民营企业的外资持股比例的降低，当生产替代效应不够强时，民营企业的进入将减少总产出并提高民营企业的利润①。此外，由于存在利润转移效应，在总产出更低的情况下，效率低下的国有企业在社会福利最大化时可能无法获得正利润，除非市场规模相对较大，这时国有企业可以通过外资持股比例获得更高的利润。

穆克纪和赵（2009）以及石田等（Ishida et al., 2011）提出了增加利润型进入。穆克纪和赵（2009）表明，斯塔克伯格领导者影响了现存企业对市场需求和边际成本的感知，从而导致成本效率高的现存企业的产出和利润增加。也就是说，如果进入企业的成本效率比其他企业高，那么它将增加担任领导者角色的企业的利润。然而，企业的进入总是降低成本效率低下的现存企业的利润。石田等（2011）研究了一个具有战略研发投资的古诺模型，其中高效率低成本企业与低效率高成本企业竞争。他们发现，高成本企业数量的增加可以刺激低成本企业的研发，而高成本企业的研发却总是会减少。这种影响足以弥补更剧烈的竞争带来的损失，提高高成本企业的利润。随着高成本企业数量的增加，高成本企业事先比低成本企业效率低（不算低很多），低成本企业的投资也增加。总之，随着市场竞争的加剧，当高成本企业增加时，低成本企业可能会从中受益，它们的利润也会更高。

---

① 如果 $\alpha < 1/2$，那么每个进入市场的民营企业的利润都在增加，但这意味着由零利润条件引起的自由进入均衡是不稳定的。

第四节 市场进入和社会效率

在本节中，我们考虑内生化市场进入。由于外资持股比例较低时的利润增长意味着零利润条件下的自由进入均衡不稳定，我们限制了自由进入均衡的 $\alpha > 1/2$ 条件。自由进入条件下的民营企业（n）的均衡由下式得出：

$$\pi_i = \frac{c^2(1+n)^2}{(1+2n\alpha)^2} - f, \text{ 或} \frac{c^2(1+n)^2}{(1+2n\alpha)^2} = f \quad (4.12)$$

其中，f 为固定进入成本，社会福利如下：

$$SW = \frac{c^2(n+1)^2 + a^2(1+2n\alpha) - 2a(c+2cn\alpha)}{2+2n\alpha} - (n+1)f \quad (4.13)$$

使福利达到最大化的企业数量由下式给出

$$\frac{\partial SW}{\partial n} = 0 \Rightarrow \frac{c^2[1+n+(n^2-1)\alpha]}{(1+n\alpha)^2} = f \quad (4.14)$$

定义 $\Delta = [$式（4.14）的左边 $-$ 式（4.12）的左边$]$，我们得到

$$\Delta = \frac{-c^2(1+n)[n(1-\alpha)+\alpha]}{(1+2n\alpha)^2} \quad (4.15)$$

可以看出，当国有企业在生产方面处于市场领先地位时，$\Delta < 0$ 意味着过度进入。我们由此得出以下命题。

命题 4.2 当国有企业作为市场领导者时，不管外资持股比例如何，民营企业追随者都会过度进入。

根据命题 4.2，在国有企业作为市场领导者并致力于社会福利最大化时，混合寡头垄断下的"过度进入"引起的结果是稳健的。这一结果也在卡托（Cato, 2012）中呈现过，他考虑到古诺竞争，但没有提到外国所有权。他指出，社会福利的减少和民营企业的过度进入是由于国有企业效率低下和生产替代效应造成的。市场挤占效应是另一个原因，这对国有企业具有不利的影响。

命题 4.2 与穆克纪（2012）的结果形成鲜明对比。穆克纪（2012）中没有国有企业，企业进入既产生了市场挤占效应，也产生了商业创造效应。如果追

随者数量增加,就会减少追随者的产出,因此,通常的市场挤占效应产生了。曼丘和温斯顿(1986)在所有企业同时生产的情况中也发现了同样的市场挤占效应。市场挤占效应的强度随着效率低下的领导者和效率高的追随者之间的边际成本差异的增加而增大。然而,当领导者和追随者之间的成本不对称时,n 增加就会提高领导者的产出,从而产生商业创造效应。随着领导者与追随者之间成本不对称程度的降低,降低了企业创造效应的影响。市场挤占效应是导致过度进入的原因,而企业创造效应则是导致进入不足的关键。因此,如果领导者和追随者之间的边际成本差异较小(较大),则市场挤占效应主导(被主导)企业创造效应,这时便会导致过度(不足)进入的结果。

在我们的分析中,由于国有企业关注社会福利,当市场上的领导者和追随者之间存在成本不对称时,如果企业的数量增加,国有企业的产出就会减少。这意味着,市场挤占效应是由成本不对称产生的。本章中的市场挤占效应非常重要,因为与穆克纪(2012)相比,正是这种市场挤占效应,才造成国有企业领导下的过度进入问题。

第五节 结 论

我们研究了企业的策略选择顺序如何影响一个存在外资持股以及存在自由进入的混合寡头垄断市场的社会效率。我们首先说明了当外资持股比例很低时,私人追随者进入市场会导致消费者福利降低,社会总福利升高,同时,已有的国有化企业的利润在有市场进入时高于没有市场进入时。更进一步来说,我们发现,在国有企业领导下,无论外资持股份额如何,总存在过度进入的问题。产生这样的结果是因为国有企业领导企业的互补作用和市场挤占效应的强度。因此,我们的结论对于产业和开放市场具有重要的政策意义。

第五章
外资持股与关税政策

第一节 引 言

　　布兰德和斯宾塞（Brander and Spencer, 1985）认为, 在竞争的国际市场中, 出口补贴似乎是有吸引力的政策工具, 因为它们提高了国内企业在与国外企业的非合作竞争中的相对地位, 使其能够扩大市场份额, 赚取更多利润。德梅萨（De Meza, 1986）证明, 生产成本最低的国家提供最高的补贴。黄和麦（Hwang and Mai, 1991）在 Brander – Spencer 模型中没有研究出口补贴政策, 而发现了进口国征收的差异性关税的最佳结构主要取决于与外国出口国之间的成本差异, 这样, 最高成本的国家会被收取最低的关税。廖和黄（Liao and Wong, 2006）考虑了进口国对两个外国出口商征收统一关税或非统一关税的不同情况。哈仕姆扎德等（Hashimzade et al., 2011）分析了当政府采用最优政策来最大化福利时, 两个生产异质产品的出口国与一个进口国之间的非合作竞争。对于相同的出口, 他们证明了进口国总是更喜欢采取同样的关税制度, 而两个出口国都倾向于对任何程度的产品异质化都采取差异性关税制度。王等（2012）分析了国际古诺竞争中进口国的关税和福利如何受到消费者友好型外国出口商的影响。他们证明, 将"外部消费者"纳入外国出口企业将导致贸易自由化, 是一种"双赢"解决方案, 因为它不仅有利于外国出口企业, 也有利于政府和进口国的消费者。

　　20 世纪经济活动全球化的加速不仅促成了新的服务贸易, 而且创造了一个由直接投资与技术和专业知识的交叉许可所支持的全球生产营销网络, 这使得企业的所有权结构比我们以前经历的更复杂。任何一个由国家股票融资的企业都不会完全归母国所有, 其股票也会部分被国外投资者所持有的。这种国际化的企业所有权可能会改变贸易和产业政策的标准福利影响。

　　企业的所有权的国际分化是否会影响个别国家政府寻求自身国家利益或福利的决定? 巴格瓦蒂和布雷彻（Bhagwati and Brecher, 1980）、布雷彻和巴格瓦蒂（Brecher and Bhagwati, 1981）以及布雷彻和芬德利（Brecher and Findlay, 1983）使用经典方法研究了完全竞争下的外资持股。宫际（Miyagiwa, 1992）修改了布兰德和斯宾塞（1985）的模型设定，允许国内外股东交叉持股，并表明如果国内投资者持有外国企业的股份或外国投资者持有国内企业的股份，出口补贴可以减少而不是增加国民福利。云龙和苏贝朗（Van Long and Soubeyran, 2001）讨论了不完全竞争下的一些细节性问题，并求出任意交叉所有权组合和任意数量的异质企业下的均衡税收和补贴。

外资持股比例也可能影响国内政府私有化政策的决定。为了研究外资持股对私有化政策的影响，王和陈（2011a）建立了一个两阶段博弈来描述私有化程度，成本效率收益和外国所有权程度之间的关系。他们将相同的民营企业分成两组，一组允许外资持股，另一组不允许。由于分离了民营企业，私有化的最佳程度随着民营企业中外资持股的增加而增加。

外资持股的影响激发了本章的研究。我们在古诺双寡头垄断中构建了一个常见的第三市场出口竞争模型，并阐明了市场表现的差异以及外资持股下政府对进口关税或补贴的战略激励。我们的研究表明：（1）当国内投资者拥有的出口企业股份对称时，最优贸易政策可能是进口补贴，进口国将对生产成本较低的出口国提供较高的补贴；（2）当国内投资者在非对称均衡中拥有较低边际成本的国家企业的股份足够高时，进口国将对生产成本较低的出口国征收较低的关税，而生产效率不会提高；而随着生产效率的提高，关税将进一步降低或变为补贴。

本章的其余部分安排如下：第二节展示基本模型；第三节考虑了差异性关税；第四节考虑了股权比率和生产效率的提高，并研究了它将如何影响差异性关税；第五节总结。

第二节 基 本 模 型

本章考虑一个涵盖三个国家的寡头垄断行业：两个出口国和一个没有国内生产的进口国。假设进口国的需求函数是 $P = a - Q$，在进口国市场中外国企业 i 和 j 参与古诺竞争。供给方程由 $Q = q_i + q_j$ 给出，其中 q_i 和 q_j 分别表示企业 i 和

j 的出口产量。假设它们的成本函数是 $C_i = c_i q_i$ 和 $C_j = c_j q_j$，其中，$c_i > c_j > 0$ 意味着企业 i 的生产效率低于企业 j 的生产效率。我们假设进口国征收进口关税，其幅度由 t_i 和 t_j 给定，关税收入为 $T = t_i q_i + t_j q_j$。

出口企业需要通过以下优化问题来最大化利润：

$$\max_{\{q_i\}} \pi_i = (P - c_i - t_i) q_i \tag{5.1}$$

$$\max_{\{q_j\}} \pi_j = (P - c_j - t_j) q_j \tag{5.2}$$

设 α_i 和 α_j 表示国内投资者对外国企业所拥有的企业 i 和企业 j 的股权份额，其中 $\alpha_i \in [0, 1]$ 和 $\alpha_j \in [0, 1]$。进口国的社会福利定义为：

$$SW = CS + \alpha_i \pi_i + \alpha_j \pi_j + T \tag{5.3}$$

其中，$CS = Q^2/2$ 是消费者剩余。由于国内投资者在企业 i 和企业 j 拥有股权，企业 i 和企业 j 的利润应包含在进口国的社会福利中。

遵循布兰德和斯宾塞（1985）的框架，本章通过建立两阶段博弈模型来研究涉及政府和企业的国际贸易。在第一阶段，给定企业的所有权结构，进口政府决定关税政策。在第二阶段，出口企业在第三市场参与国际古诺竞争，我们将用逆向归纳法推导子博弈完美纳什均衡（SPNE）。

第三节 差异性关税政策

第二阶段博弈的一阶条件如下：

$$\partial \pi_i / \partial q_i = a - c_i - 2q_i - q_j - t_i = 0 \tag{5.4}$$

$$\partial \pi_j / \partial q_j = a - c_j - q_i - 2q_j - t_j = 0 \tag{5.5}$$

结合式（5.4）和式（5.5），均衡产出为：

$$q_i = \frac{1}{3}(a - 2c_i + c_j - 2t_i + t_j) \tag{5.6}$$

$$q_j = \frac{1}{3}(a + c_i - 2c_j + t_i - 2t_j) \tag{5.7}$$

国内政府在第一阶段选择最优关税。将等式（5.6）和等式（5.7）代入等式（5.3），然后我们取关于 t_i 和 t_j 的导数，即

$$\partial SW/\partial t_i = \frac{\partial CS}{\partial t_i} + \alpha_i \frac{\partial \pi_i}{\partial t_i} + \alpha_j \frac{\partial \pi_j}{\partial t_i} + \frac{\partial T}{\partial t_i} = 0 \quad (5.8)$$

$$\partial SW/\partial t_j = \frac{\partial CS}{\partial t_j} + \alpha_i \frac{\partial \pi_i}{\partial t_j} + \alpha_j \frac{\partial \pi_j}{\partial t_j} + \frac{\partial T}{\partial t_j} = 0 \quad (5.9)$$

由于关税为正,第一项是"消费者剩余效应",表明进口关税的增加将减少进口和消费者剩余。第二项是"租金提取效应",因为对企业 i(j) 征收的关税将减少企业 i(j) 的利润。第三项是众所周知的"利润转移效应",表明对企业 i(j) 的关税的增加了企业 j(i) 的利润,这是因为关税提高了外国企业 i(j) 的边际成本,导致利润转移到外国企业 j(i)。第四项是"收入效应",既可以是正的收入效应,也可以是负的,取决于"消费者剩余效应","租金提取效应"和"利润转移效应"的相对大小。

求解方程(5.8)和方程(5.9)得到均衡关税税率为:

$$t_i^* = \frac{(1-2\alpha_i)(2(a-c_i)(1-\alpha_j)-(c_i-c_j))}{8-6\alpha_j+\alpha_i(4\alpha_j-6)} \quad (5.10)$$

$$t_j^* = \frac{(1-2\alpha_j)(2(a-c_j)(1-\alpha_i)-(c_j-c_i))}{8-6\alpha_j+\alpha_i(4\alpha_j-6)} \quad (5.11)$$

由等式(5.10)和等式(5.11),我们得到,如果 $\alpha_i(\alpha_j) < 1/2$,则 $t_i^*(t_j^*) > 0$。理由是,如果国内投资者对外国企业拥有的企业 i(j) 的股权比例大于 50%,大部分利润都会返回国内,这对母国来说向进口产品征收关税是不利的。因此,最佳的贸易政策是进口国将向外国出口企业提供进口补贴。

我们考虑外国所有权结构(即股份)如何影响均衡关税。将等式(5.10)和等式(5.11)关于 α_i 和 α_j 求导得到:

$$\frac{\partial t_i^*}{\partial \alpha_i} = \frac{(4\alpha_j-5)H_1}{2(4-3\alpha_j-\alpha_i(3-2\alpha_j))^2}, \quad \frac{\partial t_i^*}{\partial \alpha_j} = \frac{(2\alpha_i-1)H_2}{2(4-3\alpha_j-\alpha_i(3-2\alpha_j))^2}$$

$$\frac{\partial t_j^*}{\partial \alpha_i} = \frac{(2\alpha_j-1)H_1}{2(4-3\alpha_j-\alpha_i(3-2\alpha_j))^2}, \quad \frac{\partial t_j^*}{\partial \alpha_j} = \frac{(4\alpha_i-5)H_2}{2(4-3\alpha_j-\alpha_i(3-2\alpha_j))^2}$$

其中,$H_1 \equiv 2(a-c_i)(1-\alpha_j) - \Delta c$, $H_2 \equiv 2(a-c_j)(1-\alpha_i) + \Delta c$,且 $\Delta c \equiv c_i - c_j$。

由于 $\Delta c > 0$,$\alpha_i \in [0,1]$ 和 $\alpha_j \in [0,1]$,如果 $\Delta c < 2(a-c_i)(1-\alpha_j)$,我们有 $H_2 > 0$ 和 $H_1 > 0$ 来确保关税均为正数,我们得到以下引理:

引理 5.1 (1) 对于所有 α_i 和 α_j,$\frac{\partial t_j^*}{\partial \alpha_j} < 0$,

(2) 如果 $1/2 < \alpha_i < 1$，则 $\frac{\partial t_i^*}{\partial \alpha_j} > 0$；如果 $\alpha_i < 1/2$，则 $\frac{\partial t_i^*}{\partial \alpha_j} < 0$。

(3) 如果 $H_1 > 0$，则 $\frac{\partial t_i^*}{\partial \alpha_i} < 0$。

(4) 如果 $1/2 < \alpha_j < 1$ 和 $H_1 > 0$，则 $\frac{\partial t_j^*}{\partial \alpha_i} > 0$。

通过引理 5.1 中的 (1)，我们知道当 j 国的外资持股增加时，进口国对企业 j 征收的关税减少，避免消费和生产扭曲。通过引理 5.1 中的 (2)，当国家 j 中的外资持股增加时，当且仅当国家 i 的外资持股比例大于 50% 时，对企业 i 征收的关税会增加。其原因在于，由于企业 i 的生产效率低于企业 j 的生产效率，进口政府将征收高关税以减少企业 i 的生产，这将增加消费者剩余和企业 j 的利润。通过引理 5.1 中的 (3)，当国家 i 中的外资持股比例增加时，当且仅当 $H_1 > 0$ 时，对企业 i 征收的关税会减少。当 $H_1 > 0$ 时，成本差异很小，因此，国家 i 中的外资持股比例将增加。然后，进口政府将减少对企业 i 征收的关税，这使得市场更具竞争力并使国内消费者受益。通过引理 5.1 中的 (4)，当国家 i 中的外资持股比例增加时，对企业 j 征收的关税将增加，当且仅当 $1/2 < \alpha_j < 1$ 且 $H_1 > 0$ 时。当成本差异很小且国家 i 的外资持股比例很大时，进口政府将增加对企业 j 征收的关税，这使得市场更具竞争力并使国内消费者受益。

接下来，我们将考虑三种外资持股的情景。

情况一：无外资持股 $\alpha_i = \alpha_j = 0$。

从等式（5.10）和等式（5.11）我们得到：

$$t_i^* = \frac{1}{8}(2a - 3c_i + c_j) \tag{5.12}$$

$$t_j^* = \frac{1}{8}(2a + c_i - 3c_j) \tag{5.13}$$

假设两家企业的产出都是正数，我们有 $t_i^* > 0$ 和 $t_j^* > 0$。当国内投资者拥有的股权比例为零时，最优关税为正。由等式（5.12）和等式（5.13），我们可以推导出以下关税差异规则：

$$(t_i^* - t_j^*)|_{\alpha_i = \alpha_j = 0} = -\frac{1}{2}(c_i - c_j) < 0 \tag{5.14}$$

等式（5.14）是线性需求中众所周知的最佳差异性关税中的"$\frac{1}{2}$法则"，它表明关税差异仅由生产效率决定。当企业 i 的边际成本高于企业 j 且所拥有的股权比例为零时，进口国将向边际生产成本较低的外国出口国收取较高的关税，这是黄和麦（1991）的研究结果。其原因在于，由于不完美市场竞争，进口这类商品的母国通常向外国出口企业支付寡头垄断租金，企业的边际成本越低，租金就越高。为了提取最高租金，政府将向边际生产成本较低的外国出口国征收更高的关税。

情况二：对称的外资持股比例 $\alpha_i = \alpha_j = \alpha$。

从等式（5.10）和等式（5.11）我们得到：

$$t_i^* = \frac{(1-2\alpha)(2a(1-\alpha)-(3-2\alpha)c_i+c_j)}{4(2-3\alpha+\alpha^2)} \tag{5.15}$$

$$t_j^* = \frac{(1-2\alpha)(2a(1-\alpha)+c_i-(3-2\alpha)c_j)}{4(2-3\alpha+\alpha^2)} \tag{5.16}$$

为了保证两家企业的产出都是正的，我们需要施加以下条件：$2a(1-\alpha)-(3-2\alpha)c_i+c_j>0$ 和 $2a(1-\alpha)+c_i-(3-2\alpha)c_j>0$。如果 $\alpha>0.5$，我们有 $t_i^*<0$ 和 $t_j^*<0$，最优贸易政策将是进口补贴。由等式（5.15）和等式（5.16），我们推导出如下关税差异规则：

$$\text{如果 } \alpha>0.5, \ (t_i^*-t_j^*)\big|_{\alpha_i=\alpha_j=\alpha} = -\frac{(1-2\alpha)(c_i-c_j)}{2(1-\alpha)}>0 \tag{5.17}$$

由于国内投资者将国外利润汇回本国，进口国的社会福利函数将包括这一利润。当国内投资者拥有的外国企业，企业 i 和企业 j 的股权比例超过 50%，并且由于国内投资者能从外国企业获得更高的利润，母国对进口商品征收关税是不利的，反之，它将为低成本企业提供更高的进口补贴，这是最优的贸易政策。

我们有如下命题：

命题 5.1 当国内投资者拥有的出口企业股份比例为对称的且 $\alpha>0.5$ 时，最优贸易政策为进口补贴，进口国将对生产成本较低出口国提供较高的补贴。

情况三：不对称外资持股比例 $\alpha_i=0$ 和 $\alpha_j=\alpha$。

$$t_i^* = \frac{2a(1-\alpha)-(3-2\alpha)c_i+c_j}{8-6\alpha} \tag{5.18}$$

$$t_j^* = \frac{(1-2\alpha)(2a+c_i-3c_j)}{8-6\alpha} \tag{5.19}$$

由于 $2a(1-\alpha)-(3-2\alpha)c_i+c_j>0$，我们有 $t_j^*>0$。如果 $\alpha>0.5$，我们有 $t_j^*<0$，进口国将对生产成本较低出口国提供补贴。由等式（5.18）和等式（5.19），我们可以推导出如下关税差异规则：

如果 $\alpha>\dfrac{2(c_i-c_j)}{a+2c_i-3c_j}$，$(t_i^*-t_j^*)\big|_{\alpha_i=0,\alpha_j=\alpha}=\dfrac{a\alpha-2(1-\alpha)c_i+(2-3\alpha)c_j}{4-3\alpha}>0$

$$\text{(5.20)}$$

这一结果表明，当国内投资者不持有较高成本企业的股份，只持有较低成本企业的多数股份时，本国需要对较低成本的企业征收较低的关税。此外，当国内投资者拥有低成本企业的股权比例超过 50% 时，本国需要提供进口补贴以增强企业的竞争力。

情况四：不对称外资持股比例 $\alpha_i\neq\alpha_j$。

从等式（5.15）和等式（5.16），我们可以得到如下关税差异规则：

如果 $\alpha_j>\alpha_j^*\equiv\dfrac{a\alpha_i+c_i(2-3\alpha_i)-2c_j(1-\alpha_i)}{a+2c_i(1-\alpha_i)-c_j(3-2\alpha_i)}$，

$\Delta t=t_i^*-t_j^*=\dfrac{c_j(2-2\alpha_i(1-\alpha_j)-3\alpha_j)+a(\alpha_j-\alpha_i)-c_i(2-3\alpha_i+2(1-\alpha_i)\alpha_j)}{4-3\alpha_j-\alpha_i(3-2\alpha_i)}>0$

$$\text{(5.21)}$$

从情况三和情况四，我们可以得到如下命题：

命题 5.2 在非对称均衡中，当国内投资者拥有的边际成本较低国家的企业股份比例足够高时，进口国将对生产成本更低的出口国征收较低的关税。

在本章中，我们考虑了外国的本国投资者的外资持股比例，例如，卡多等（Cadot et al., 1999）考虑了外国资本进入本国的情况，并表明在贸易促进和贸易中立的外国资本的存在下，游说较高关税的压力比外国资本是贸易替代时低，利益冲突可能导致关税的游说压力更高或更低。如果外资是贸易中性的，基于社会福利背景的关税争论会更小。斯维因伯格和沃斯格鲁（Schweinberger and Vosgerau, 1997）通过不同的贸易模型研究发现，在存在外资持股时，关税不仅会改变（货物）贸易条款，还会改变国家间的收入流动。如果只有母国在国外拥有要素，那么当且仅当外国要素所有权导致贸易格局逆转时，最优关税才是负的。但是，如果外国拥有本国的要素，贸易模式逆转既不是负的最优关税的必要条件，也不是其充分条件。基于在贸易竞争模型的不同背景下提出的上述分析，在存在外资持股利益或外国要素所有权的情况下，负的最优关税是可能的。传统的最优关税分析增加了一个新的层面。

根据等式（5.21），当 $\alpha_j > \alpha_j^*$ 时，我们有 $t_i^* - t_j^* > 0$。均衡关税的关系取决于较低成本国家外国所有权的临界值。但是，临界值受到较高成本国家的权益比例程度、边际成本和市场规模的影响。关于 α_i，c_i，c_j 和 a 取 α_j^* 的偏导数，我们得到以下推论。

推论5.1 对于所有的 α_i，$\dfrac{\partial \alpha_j^*}{\partial \alpha_i} \equiv \dfrac{(a+c_i-2c_j)(a-2c_i+c_j)}{(a+2c_i(1-\alpha_i)-c_j(3-2\alpha_i))^2} > 0$，$\dfrac{\partial \alpha_j^*}{\partial c_j} \equiv \dfrac{(a+c_i-2c_j)(a-2c_i+c_j)}{(a+2c_i(1-\alpha_i)-c_j(3-2\alpha_i))^2} > 0$。如果 $\alpha_i > 0.5$，$\dfrac{\partial \alpha_j^*}{\partial c_i} \equiv \dfrac{-1(a-c_j)(2-\alpha_i)(2\alpha_i-1)}{(a+2c_i(1-\alpha_i)+c_j(2\alpha_i-3))^2} < 0$，$\dfrac{\partial \alpha_j^*}{\partial a} \equiv \dfrac{(c_i-c_j)(2-\alpha_i)(2\alpha_i-1)}{(a+2c_i(1-\alpha_i)+c_j(2\alpha_i-3))^2} > 0$。

请注意，当持有国家 i(j) 的股份增加时，国家 i(j) 的关税率将下降，这是引理5.1中观察到的。但是，当持有国家 i(j) 的股份增加时，国家 j(i) 对关税税率的影响依赖于 $\alpha_j(\alpha_i) > 0.5$。传统观点认为，进口国将向边际生产成本较低的外国出口国收取较高的关税。在外资持股存在的情况下，当 j 国的股权比例增加时，根据"利润汇出效应"，j 国的关税税率将会降低，甚至会变成进口国执行的补贴政策。

第四节 股权比例和生产效率

韩和小川（Han and Ogawa, 2009）使用具有外国所有权的混合寡头垄断模型，研究了两种市场开放政策之间的相互作用：放宽外资持股比例的限制和国内国有企业的私有化。他们认为，技术溢出效应可能是将外国投资引入国内市场的最主要动机之一。特别是，他们表明，只有在技术溢出效应显著的情况下，政府才会放宽对国内企业外资持股的监管。林和松村（Lin and Matsumura, 2012）也考虑了私有化企业的外资持股比例。他们表明，私有化企业的外资持股比例的增加将提高私有化的最佳程度。

上述两篇文章通过降低成本和增加目标企业的利润，明确了外资持股与利润之间的关系。我们接下在布兰德和斯宾塞（Brander and Spencer，1985）的框架下，考虑外资持股提高了生产效率的情况。假设参与管理运营的外国投资者可以提高生产效率，因此，与外资持股相关的边际生产成本将降低。为简单起见，我们假设边际生产成本可以明确为 $(1-\alpha_i)c_i$ 和 $(1-\alpha_j)c_j$，得到均衡关税税率如下：

$$t_i^{**} = \frac{(1-2\alpha_i)((2a+c_j)(1-\alpha_j)+c_i(1-\alpha_i)(2\alpha_j-3))}{8-6\alpha_j+\alpha_i(4\alpha_j-6)} \quad (5.22)$$

$$t_j^{**} = \frac{(1-2\alpha_j)(2(a+c_i)(1-\alpha_i)+c_j(2\alpha_i-3)(1-\alpha_j))}{8-6\alpha_j+\alpha_i(4\alpha_j-6)} \quad (5.23)$$

比较等式（5.22）和等式（5.23），我们得到：

$$t_i^{**} - t_i^* = \frac{(1-2\alpha_i)(c_i\alpha_i(3-2\alpha_j)-c_j\alpha_j)}{8-6\alpha_j+\alpha_i(4\alpha_j-6)} \quad (5.24)$$

$$t_j^{**} - t_j^* = \frac{(1-2\alpha_j)(c_j\alpha_j(3-2\alpha_i)-c_i\alpha_i)}{8-6\alpha_j+\alpha_i(4\alpha_j-6)} \quad (5.25)$$

从等式（5.24）和等式（5.25），我们可以推导出以下关税差异规则：

$$t_i^{**} - t_j^{**} = \frac{\begin{array}{c}a(\alpha_j-\alpha_i)+c_j(1-\alpha_j)(2-3\alpha_j-2\alpha_i(1-\alpha_i))-\\ c_i(1-\alpha_i)(2-3\alpha_i-2(1-\alpha_i)\alpha_j)\end{array}}{4-3\alpha_j-\alpha_i(3-2\alpha_j)} \quad (5.26)$$

命题 5.3 在非对称均衡中，当国内投资者拥有的较低边际成本国家的股份比例足够高时，进口国将对生产成本较低出口国征收较低的关税，这是由于外资持股的存在导致生产效率的提高。

上述命题证实了命题 5.2 中得到的结果的稳健性。当国内投资者拥有的边际成本较低的企业股票比例足够高时，边际成本将下降得更多，而且由于国内投资者将国外利润汇款回本国，进口国的社会福利方程将包括这笔额外的利润。因此，进口国将在生产效率提高的情况下对生产成本较低的出口国征收较低的关税。

第五节 结 论

现实世界中普遍存在外国投资者拥有国内企业的股权的情况。在本章中，我们发现：（1）当国内投资者拥有出口企业对称的股权时，最优贸易政策可能是进口补贴，进口国将对较低生产成本的出口国提供更高的补贴；（2）当国内投资者拥有的较低边际成本的国家企业股权在非对称均衡中足够高时，进口国将对生产成本较低的出口国征收较低的关税，但生产效率不会提高；而随着生产效率的提高，关税将进一步降低或最终成为补贴。

本 章 附 录

命题 5.3 的证明：

(1) $(t_i^{**} - t_j^{**})|_{\alpha_j = 1} = a + c_i\alpha_i > 0$,

(2) $(t_i^{**} - t_j^{**})|_{\alpha_j = 0} = \dfrac{\alpha_i(a - 3c_i(1-\alpha_i)) + 2(c_i - c_j)(1-\alpha_i)}{3\alpha_i - 4} < 0$,

(3) $(t_i^{**} - t_j^{**})|_{\alpha_j = 1} \times (t_i^{**} - t_j^{**})|_{\alpha_j = 0} < 0$，当 $\alpha_j > \hat{\alpha}_j$，这里存在一个 $\hat{\alpha}_j$，和 $t_i^{**} - t_j^{**} > 0$。

第六章
国企垄断与竞争政策

第一节 引　　言

人们通常认为市场竞争的加强总是有利于消费者的，因此会希望相关政策鼓励反垄断机构促进市场竞争。然而，我们在一个福利最大化的国有企业垄断模型中，发现以利润最大化为目标的民营企业的进入会减少消费者福利。具体来说，民营企业的进入以牺牲消费者剩余的代价，提升了垄断企业的利润、产业利润以及社会总福利。

在许多发达国家、发展中国家以及处于过渡阶段的国家，国有化企业以及国有企业都很普遍，例如航空和铁路产业等。虽然这些产业最初都限制民营企业的进入，但印度、日本等许多国家近年来都已放松了企业的进入管制。因此，在具有国有企业的产业中考虑竞争效应是一个非常重要的问题，也值得引起学术界的关注。许多学者将国有企业的存在视为间接性的管制机制（Cremer et al.，1989；De Fraja and Delbono，1989），但本章发现企业进入导致的竞争对消费者的影响是微不足道的，并且可能对消费者不利。

竞争一般被认为会降低市场价格，但有一支文献从不同的角度挑战了竞争导致价格降低的观点。这些文章中提出的竞争的价格抬升效应主要受以下几个因素影响：消费者的搜寻成本（Janssen and Moraga-Gonzalez，2004），忠实买家和交换买家的出现（Rosenthal，1980），以及消费者对异质产品的偏好（Chen and Riordan，2008）。与此相反，本章的结果是因为产出从效率低的国有企业转移到效率高的民营企业，因此造成了在产出效率提高和分配无效率之间的权衡。基于此，我们的文章与甘斯和奎基（Gans and Quiggin，2003）的文章更加接近。他们的文章发现，当一个经济规模递增的大型国有企业面临新进入的竞争性周边企业的竞争时，竞争会通过减少大企业的产出来抬升价格。本章结论归因于国有企业和民营企业之间的策略性互动行为，且不依赖于规模报酬递增的假设。因此，我们的分析表明在一定的规制机制设计下，竞争导致的价格提升效应可能是一个普遍现象。

第二节 基本模型

一、国有垄断企业

假设存在一家以福利最大化为目标的国有企业（称之为企业1），它的生产具有固定的边际成本 $c > 0$。假设市场的反需求函数为 $P(q)$，$P' < 0$，$P'' \leq 0$，其中 P 是价格，q 是总产出。企业1决定自身产量来最大化社会福利，也即产业利润和消费者剩余之和。因此，企业1的目标函数为：

$$\max_{q^m} \int_0^{q^m} P(q) dq - cq^m \tag{6.1}$$

求解这个最大化问题很容易得出企业的均衡产出为：

$$p^m = c \tag{6.2}$$

这意味着在国有企业垄断市场时，企业1的价格等于其边际成本，从而获得零利润。

二、民营企业的进入

现在假设有 n 家以利润最大化为目标的民营企业进入市场。它们生产同质产品，具有固定的边际成本 $d < c$。为了简化，d 被标准化为0。在我们的模型中，民营企业的生产效率高于国有企业的生产效率。

考虑到民营企业的进入时，产生以下两阶段的博弈：在第一阶段，国有企业决定产出来最大化社会福利。在第二阶段，民营企业进入市场并同时决定各自产出。以上序贯博弈的设置具有以下两个理由。第一个来源于实践层面。正如菲耶尔和海伍德（2002）的文章中提到，诸如通信、交通和电力等许多行业都被具有先行者优势的国有企业所主导,因此本章将国有企业视为斯塔克伯格竞争中的先行者,利润最大化的民营企业视为追随者。第二个理由来源于理论研究。借鉴帕尔(1998)、雅克(Jacques,2004)和陆(Lu,2007)的文章,我们采用了汉密尔顿和斯卢茨基(Hamilton and Slutsky,1990)的可观测滞后博弈,使得国有企业和民营企业分别作为斯塔克伯格竞争中的领导者和追随者。我们通过逆向归纳法求解此序贯博弈。

接下来求解第二阶段的均衡产出。第 i 家民营企业决定产出来最大化企业利润

$$\max_{q_i} P(q) q_i, i = 2, 3, \cdots, n+1 \qquad (6.3)$$

第 i 家追随者的均衡产出满足以下一阶条件:

$$P + q_i P' = 0, i = 2, 3, \cdots, n+1 \qquad (6.4)$$

在第一阶段,由于民营企业的对称性,国有企业最大化社会福利:

$$\text{Max}_{q_1} \int_0^{q_1 + nq_i} P(q) - cq_1 \qquad (6.5)$$

求解以上最大化问题,得出企业 1 均衡产出满足以下一阶条件:

$$P\left(1 + n\frac{\partial q_i}{\partial q_1}\right) = c, \text{ 其中} \frac{\partial q_i}{\partial q_1} = -\frac{P' + q_i P''}{(n+1)P' + nq_i P''} < 0 \qquad (6.6)$$

由于 $P + q_i P' = 0$,存在民营企业进入时的总产出为 $P\left(1 + n\frac{\partial q_i}{\partial q_1}\right) + n(P + q_i P') = c$,或者改写为:

$$P\left(1 + n\frac{\partial q_i}{\partial q_1}\right) = c \qquad (6.7)$$

由于 $\frac{\partial q_i}{\partial q_1} < 0$,式(6.2)和式(6.6)表明利润最大化的民营企业的进入降低了企业 1 的均衡产出。由式(6.7)可得在市场进入博弈中均衡价格 P 比成本 c 高,即考虑民营企业进入的斯塔克伯格竞争的均衡价格高于国有企业垄断市场的均衡价格。因此,如果国有企业作为斯塔克伯格竞争的领导者,消费者境况将会恶化。由于 $P > c$,这也意味着国有企业的利润在考虑市场进入时为正,而在作为垄断者时为零。因此,民营企业的进入增加了国有企业的利润。

直觉上,市场进入导致的市场竞争与国有企业垄断相比是会增加福利的。在市场进入下,国有企业的产出和垄断下的产出明显不同。而此时民营企业都

选择正的产出从而获得正的利润。因此，国有企业在市场进入下选择垄断时的产量是一个被占优策略。也就是说，与国有企业垄断市场相比，民营企业的进入提升了社会福利，而这一福利的提升以消费者剩余的减少为代价。因此我们得到以下命题：

命题6.1 如果 $c>0$，以利润最大化为目标并作为斯塔克伯格追随者的民营企业的进入（1）减少了国有企业的产出；（2）增加了国有企业的利润；（3）减少了消费者剩余；（4）与国有企业垄断相比增加了整个经济体的社会福利。

帕尔和萨卡尔（Pal and Sarkar, 2001）以及穆克纪和赵（2009）的文章发现民营企业的进入能够通过挤占其他已有企业的市场份额来提升部分其他已有企业的利润。在他们的模型中，市场在位企业是民营企业而不是国有企业。在我们的分析中，民营企业的进入提升了在位国有企业的利润。我们的结果是民营企业的市场进入降低了市场总产出，从而减少了消费者剩余。

三、线性需求的例子

基于以上的分析，本节给出一个线性需求的例子，$P(q) = a - q$。通过简单的计算可以得到，当国有企业1垄断市场时，企业1的均衡产出，产品价格，企业1的利润，以及社会福利分别为：$q^m = a - c$，$p^m = c$，$\pi_1^m = 0$，$SW^m = \frac{(a-c)^2}{2}$。在古诺竞争下，由于 $P + q_i P' = 0$，总产出由 $P + n(P + q_i P') = c$ 或者下式给出：

$$P = c \tag{6.8}$$

企业1的均衡产出，第 i 家进入者的均衡产出，总均衡产出，产品价格，企业1的利润，第 i 家进入者的利润以及社会福利分别为：$q_1^c = a - c(n+1)$，$q_i^c = c$，$q^c = a - c$，$p^c = c$，$\pi_1^c = 0$，$\pi_i^c = c^2$，$SW^c = \frac{(a-c)^2 + 2c^2 n}{2}$

如果企业1和进入者分别作为斯塔克伯格的领导者和追随者，企业1的均衡产出，第 i 家进入者的均衡产出，总均衡产出，产品价格，企业1的利润，第 i 家进入者的利润，以及社会福利分别为：$q_1^s = a - c(n+1)^2$，$q_i^s = c(n+1)$，$q^s = a - c(n+1)$，$p^s = c(n+1)$，$\pi_1^s = cn(a - c(n+1)^2)$，$\pi_i^s = c^2 n(n+1)^2$，

$$SW^s = \frac{a^2 - 2ac + c^2(n+1)^2}{2}。$$

通过以上计算,总产出,产品价格以及企业 1 的利润在国有企业垄断和市场进入时的古诺竞争下都是一样的。由于效率高的新进民营企业会生产正的产出,而在国有企业垄断和市场进入时的古诺竞争下的总产出不变,市场进入下的古诺竞争通过节约生产成本增加了社会福利。因此,市场进入时的斯塔克伯格竞争对命题 6.1 来说是非常重要的。

图 6 – 1 展示了 $p^m = p^c < p^s$ 的原因。企业 1 和利润最大企业的反应曲线分别为 $R_1 M$ 和 $R_{-1} A$。这些曲线的交点,C,代表古诺均衡,而 $R_1 M$ 和水平轴的交点代表着国有企业垄断下的产出。从式(6.8)可以得到国有企业反应曲线关于利润最大化企业的总产出正好是 – 1。因此,与国有企业垄断相比,市场进入并不改变市场总产出和消费者剩余。

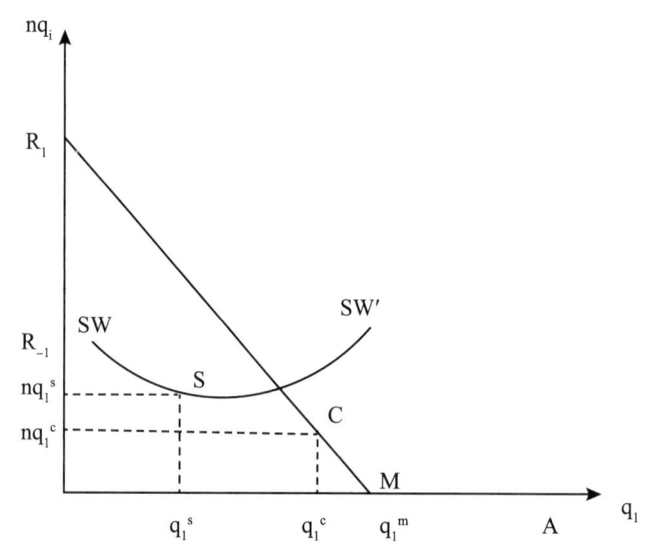

图 6 – 1 国有企业垄断、古诺和斯塔克伯格的比较

然而,图 6 – 1 中的斯塔克伯格均衡由 S 表示。而等福利曲线 SWSW′与 $R_{-1} A$ 相切。由于 $R_{-1} A$ 的斜率(亦即所有利润最大化企业的反应曲线)小于 1,产品市场竞争从古诺竞争转变为斯塔克伯格竞争时市场总产出下降。因此我们得到了 $p^m = p^c < p^s$。

第三节 结　　论

　　一般会认为市场竞争的增强会提高消费者剩余,然而本章基于一个国有企业垄断下的市场进入模型发现,当国有企业作为斯塔克伯格领导者时民营企业的进入会使消费者境况恶化。因此,在国有企业垄断的行业中,反垄断机构应该谨慎对待民营企业的市场进入。

　　在我们的分析中,民营企业的进入牺牲了消费者剩余,但增加了国有企业的利润,产业利润和社会福利。然而,如果国有企业的目标是最大化消费者剩余而不是社会福利,那么,竞争不会影响消费者,因为国有企业总是以价格降到最低为目标进行生产。

第七章
国企私有化与补贴政策

第一节 引 言

混合寡头领域的许多研究强调的是部分私有化的动机,而关于混合寡头理论的最新研究证明当企业能够得到合适的生产补贴时,私有化就是一项不起作用的政策。本章的主要研究内容是,考虑存在成本差距和私有化带来的技术改进的情况下,通过混合寡头模型考察最优私有化和补贴的政策组合,来调和这些具有争议性的论述。

混合寡头理论的重点之一即怀特(1996)提出的私有化中立理论(PNT)。他证明在古诺混合寡头和古诺标准寡头中[①],最优的结果都是同等的补贴率。这个结果被多向延伸,包括:普亚戈-斯托克(Poyago-Theotoky,2001),迈尔斯(Myles,2002)以及都丸和萨伊托(Tomaru and Saito,2010)的文章改变了企业博弈顺序;哈仕姆扎德等(Hashimzade et al.,2007)的文章考虑了伯川德(Joseph Bertrand)竞争;加藤和都丸(Kato and Tomaru,2007)的文章则考虑了不以利益最大化为导向的民营企业;都瓦(2006)将部分私有化的可能性考虑在内,所有的这些结果统称为PNT。一般来说,我们认为PNT当且仅当以下条件存在时成立:(1)最优的补贴能带来最优的分配;(2)最优补贴不依赖于国有企业私有化的程度。这个定义暗示了当最优补贴确定时,私有化对福利最大化无关紧要。

尽管松村(1998)和许多其他学者发现部分私有化是实现社会最优化的结果,但是他们结果的重要性似乎被PNT削弱。然而PNT有一个至关重要的假设,即国有企业和民营企业具有同等的技术水平,有关实证文章也做了相关研究。伯杰等(Berger et al.,2005)的文章通过来自阿根廷的数据研究发现民营银行在平均水平上比国有银行更有效率。另外,许多实证研究提供了企业的表现与其私有化水平正相关的证据,这些实证研究清楚表明在国有企业和民营

---

① 文中无特别说明,所说的标准寡头均指纯粹由私有企业组成的寡头垄断市场。

企业之间存在成本差距，而且在私有化之后，私有化的企业存在着技术进步的空间。成本差距的存在给 PNT 的可信度带来了怀疑，如果 PNT 不成立，补贴政策就不再是消除所有扭曲的灵丹妙药，私有化政策也重新获得了存在的理由。这篇文章的目的是：（1）检验在具有成本差距和私有化带来的技术进步时，PNT 是否成立？（2）当 PNT 不成立的时候，最优的补贴和私有化政策是什么？

本章新建立了一个引入补贴政策的混合寡头模型，其中有一家国有企业与一家民营企业进行古诺竞争，国有企业的边际成本比民营企业高，但是能通过私有化使之降低。我们首先研究了在给定私有化程度时的最优补贴，发现如果没有私有化，最优的补贴会带来有效率的生产分配，在这种情况下，每家企业的边际成本都等于它的价格。然而一旦国有企业被私有化，这个结果会发生改变，在最优补贴下，私有化的企业会过度生产。进一步我们发现，当国有企业是完全国有而且私有化带来的技术进步较小（大）时，最优的补贴和私有化的程度是正（负）相关的。所有的这些结果都表明具有成本差距时，PNT 不成立。

PNT 的不成立意味着私有化能够增强福利。我们进一步检验了最优的私有化政策，发现当技术进步较小时，最优政策是部分私有化。松村（1998）首次证明了在混合双寡头中，部分私有化才是最优的，然而本章和松村（1998）文章的一个至关重要的不同点是，我们考虑了私有化下的补贴和技术进步。补贴能够调整生产分配，私有化则通过进一步的生产分配调整和私有化企业自身的改善为福利增加发挥关键作用，这是本章和松村（1998）文章的区别。诚然，如果存在成本差距，且私有化没有伴随技术的进步，那么最优的政策将是完全的国有化，这和松村（1998）的文章形成了鲜明的对比。

本章的剩余部分组织如下：第二节我们介绍基本模型并简单讨论已有研究和本模型之间的关系；第三节我们展示了主要的结果；第四节对本章进行总结。

第二节 基本模型

一、模型设定

考虑如下产业结构,该结构下包含两家企业:企业 1 和企业 2,两家企业生产同质产品,并进行古诺竞争。在本章中,q_i,$i \in \{1, 2\}$ 代表企业的产出。企业 1 是一家民营企业,而企业 2 是私有化企业,其中 θ 代表企业 2 中被民营企业持有的股份,也即私有化程度。所有权结构将随着私有化的程度变动。(1) 当 $\theta = 0$ 的时候,企业 2 是一家完全被政府拥有的企业。(2) 当 $\theta = 1$ 的时候,企业 2 是一家完全的民营企业。(3) 在 $\theta \in (0, 1)$ 的时候是一个部分私有化的企业,企业 2 被政府和私人投资者联合持有。

市场的反需求函数为 $P(Q)$,其中 $Q = q_1 + q_2$ 是市场上的总产出。假设在当前生产技术下,企业 1 和企业 2 的边际成本递增。除此之外我们还假设一个特殊的技术结构:企业 2 的技术能被私有化程度所影响。令 $c(q_1)$ 和 $C(q_2, \theta)$ 分别代表企业 1 和企业 2 的成本函数。很明显可以看出,企业 2 的成本函数与私有化比例 θ 有关。

政府为企业 1 和企业 2 提供生产补贴,我们用 s 代表每单位的补贴率。企业 1 和企业 2 的利润,可以写作:

$$\Pi^1(q_1, q_2, s) = P(Q)q_1 - c(q_1) + sq_1$$

$$\Pi^2(q_2, q_1, s, \theta) = P(Q)q_2 - C(q_2, \theta) + sq_2$$

社会福利记作:

$$SW(q_2, q_1, \theta) = \int_0^Q P(z)dz - c(q_1) - C(q_2, \theta)$$

我们采用下角标来代表方程的偏导。例如,$SW_1 = \left(\frac{\partial}{\partial q_2}\right) SW(q_2, q_1, \theta)$ 和

$\Pi_{13}^1 = (\partial^2/\partial s \partial q_1)\Pi^1(q_1, q_2, s)$。

我们假设不同的所有权结构是通过不同的目标方程来体现的。特别地，我们依据松村（1998）假设企业 1 最大化自身利润，而企业 2 最大化自身利润和社会福利的凸组合，即：

$$V(q_2, q_1, s, \theta) = \theta \Pi^2(q_2, q_1, s, \theta) + (1-\theta)SW(q_2, q_1, \theta)$$

目标方程表明企业 2 需要尊重所有持有者的目标——福利最大化的政府和利益最大化的私人持有者。目标方程还表明当 θ 增加时企业 2 会更加追求利润。在完全私有化后（比如 θ = 1），企业 2 从福利最大化者转变为利润最大化者。此外，在模型当中我们做出以下假设。

假设 7.1 存在一个有限数 $\bar{Q} > 0$，当 $Q < \bar{Q}$ 和 $P(Q) = 0$ 时，使 $P(Q) > 0$。进一步地，对于 $Q < \bar{Q}$，当 $P'(Q) < 0$，反需求函数 $P(Q)$ 是二阶连续可导的。

$$\varepsilon(Q) \equiv \frac{P''(Q)Q}{P'(Q)} \in (-1, 0]$$

假设 7.2 企业 1 和企业 2 的成本函数分别表示为 $c(q_1) = \left(\frac{k}{2}\right)q_1^2$ 和 $C(q_2, \theta) = c(q_2) + g(\theta)q_2 = \left(\frac{k}{2}\right)q_2^2 + g(\theta)q_2$，其中 $g(\theta) = b(1-c\theta)$，当 $b > 0$ 和 $c \in [0, 1]$ 时。

假设 7.2 是基于吉尔-莫托等（Gil-Molto et al., 2011）和凯撒瓦于斯和济科斯（Kesavayuth and Zikos, 2013）的成本函数形式。他们检测了私有化是怎样影响企业的成本降低研发（R&D）行为的，提出了 $C(q, x) = c(q) + (\bar{c} - x)q$ 的成本函数，其中 $\bar{c}$ 是一个正常数，x 代表 R&D 的数量。借用这个成本函数，我们将 R&D 替换为私有化程度。在我们的模型中，企业 1 和企业 2 存在成本差距。进一步来看，私有化能够扮演一个降低成本差距的角色，就像吉尔莫托等（2011）以及凯撒瓦于斯和济科斯（2013）的文章中能够降低成本的 R&D 一样。尽管如此，正如假设 7.2 所言，我们允许私有化不能减少任何成本差距的可能性存在（比如 c = 0）。

我们考虑一个两阶段博弈来研究国有企业和民营企业具有成本差异时的补贴和私有化政策。第一阶段，政府选择一对政策 (s, θ) 来最大化社会福利，我们把最优的政策组合表示为 (s^e, θ^e)。在第二阶段，企业 1 选择 q_1 来最大化其自身利润 $\Pi^1(q_1, q_2, s)$，企业 2 选择 q_2 来最大化 $V(q_2, q_1, s, \theta)$。用 $q_i^*(s, \theta)$ 和 $Q^*(s, \theta)$ 分别代表企业 $i \in \{1, 2\}$ 的均衡产出和总产出。

我们通过逆向归纳法求解这个两阶段博弈的均衡。在第一阶段，政府通过选择 (s, θ) 最大化社会福利 $SW^*(s, \theta) \equiv SW(q_2^*(s, \theta), q_1^*(s, \theta), \theta)$，然而在本章第三节中，我们并没有考虑政府对 (s, θ) 的同时选择，相反我们考虑政府在两个阶段分别进行选择。我们首先刻画了在给定私有化程度时的最优补贴 $s^*(\theta) = \arg\max_s SW^*(s, \theta)$，接下来使用福利方程的化简形式 $SW^{**}(\theta) \equiv SW^*(s^*(\theta), \theta)$，我们描述了最优的私有化程度 $\theta^* = \arg\max_{\theta \in [0,1]} SW^{**}(\theta)$。这样，我们将最优的政策组合表示为 $(s^e, \theta^e) = (s^*(\theta^*), \theta^*)$。

二、已有研究和本章模型的关系

在开始我们的分析之前，有必要回顾在存在补贴的混合寡头领域已有研究的结果。假设 7.1 和假设 7.2 保证了社会福利 $SW(q_1, q_2, \theta)$ 在 (q_2, q_1) 是严格凹的，因为 $SW_{11} < 0$ 和 $SW_{11}SW_{22} - (SW_{12})^2 > 0$。这暗示在给定私有化程度时，边际成本定价规则最大化了社会福利。不仅如此，当 $g'(\theta) < 0$（比如 $c \neq 0$），最优的结果是通过边际成本定价法则和完全私有化来描述的。我们通过以下的生产分配来正式的定义。

定义 7.1 （1）生产分配 (q_1, q_2) 当且仅当 $P(Q) = c'(q_1) = c'(q_2) + g(\theta)$ 时有效。我们用 $(q_1^E(\theta), q_2^E(\theta))$ 来代表有效的生产分配。（2）生产分配当且仅当 $P(Q) = c'(q_1) = c'(q_2) + g(1)$ 时最优。我们用 (q_1^F, q_2^F) 来代表最优的生产分配。

注意到对于任意 $\theta \in [0, 1]$，$q_1^E(\theta) > q_2^E(\theta)$，$q_1^{E'}(\theta) < 0$，$q_2^{E'}(\theta) > 0$ 和 $Q^{E'} = q_1^{E'}(\theta) + q_2^{E'}(\theta) > 0$。因此，最优的生产分配会在所有有效生产分配中带来最大化的总产出。

现在我们简单地讨论已有研究和我们模型之间的关系，怀特（1996）和都丸（2006）（也即 WT）考虑了一个具有补贴的混合寡头，其中国有企业和民营企业具有相同的技术水平。怀特（1996）表明在完全私有化的前后，都是同样的补贴率带来最优的生产分配。都丸（2006）通过把补贴结合到松村（1998）的部分私有化模型当中，延伸了它的结果。这些结果统称为私有化中立理论（PNT）。在我们的模型中，PNT 能被表示如下。

定义 7.2 PNT 当且仅当对任意 $\theta \in [0, 1]$ （1） $q_i^*(s^*(\theta), \theta) = q_i^F (i \in \{1, 2\})$ 和 （2） $s^{*'}(\theta) = 0$ 满足时成立。

为了将我们的模型和 WT 模型联系起来，我们重新考虑了假设 7.2。首先我们考虑参数 b，假设 b = 0，而不是 b > 0，在这种情况下企业 1 和企业 2 不存在成本差距，所以，我们的模型退化到了 WT 模型，因此 PNT 对任何 $\theta \in [0, 1]$ 都能成立，则讨论最优的私有化政策无意义。我们接下来考虑参数 c，假设 c = 1，而不是 $c \in [0, 1)$，在这种情况下，当且仅当 $\theta = 1$，我们的模型和 WT 模型是等同的。显然，最优的私有化政策将是完全私有化。总的来说 b = 0 和 c = 1 时结果很明显，该结果也可以从 WT 模型中轻易推导出来。

通过引入成本差距和私有化带来的技术提升，本章的研究与已有的研究区分出来。首先我们检测了在具有成本差距时 PNT 是否能够继续存在。不幸的是这一点分析被限制到了 c = 1，因为在 $c \in (0, 1)$ 时 PNT 不成立。假设 2 表明仅当 $\theta = 1$ 时，才能达到最优的生产分配。尽管如此，还有其他的问题待研究。如果 $c \in (0, 1)$，补贴政策不再是一个移除所有的市场扭曲的灵丹妙药，不仅如此，最优的补贴率可能随着私有化的程度而变动。这些特征引出了一些重要的政策问题，（1）最优补贴率与最优私有化程度的相关性如何？（2）这个关系怎样被私有化降低成本差距 c 的程度所影响的？（3）最优的政策组合是什么？进一步我们可以考虑另一个类型的 PNT，如下。

定义 7.3 当且仅当对任意 $\theta \in [0, 1]$，$q_i^*(s^*(\theta), \theta) = q_i^E(\theta)(i \in \{1, 2\})$ 和 $s^{*'}(\theta) = 0$ 时，quasi – PNT 成立。

所有的结果在第三部分讨论。

三、第二阶段均衡

在这一小节中，我们简单讨论第二阶段的均衡。均衡的产出 $q_1^*(s, \theta)$ 和 $q_2^*(s, \theta)$ 需要满足等式组 $\Pi_1^1(q_1^*(s, \theta), q_2^*(s, \theta), s) = 0$ 和 $V_1(q_2^*(s, \theta), q_2^*(s, \theta), s, \theta) = 0$，换言之，

$$P(Q^*) + P'(Q^*)q_1^* - kq_1^* + s = 0 \tag{7.1}$$

$$P(Q^*) + \theta P'(Q^*)q_2^* - kq_2^* - g(\theta) + \theta s = 0 \tag{7.2}$$

注意到，假设7.1和假设7.2确保了以下结果的成立：二阶条件（比如$\Pi_{11}^1 < 0$和$V_{11} < 0$），策略替代程度（$\Pi_{12}^1 < 0$和$V_{12} < 0$）和自有效应对交叉效应的支配性（$|\Pi_{11}^1| > |\Pi_{12}^1|$和$|V_{11}| > |V_{12}|$）。因为等式组（7.1）、等式组（7.2）的雅可比Ω是正的（$\Omega = \Pi_{11}^1 V_{11} - \Pi_{12}^1 V_{12} > 0$），第二阶段的均衡是稳定的，进一步我们得到了如下均衡产出性质：

引理7.1 假设$s = 0$，（1）当且仅当$\theta = 0$时，$P(Q^*) \geq kq_2^* + g(\theta)$等式成立；（2）对任意$\theta \in [0, 1]$，$kq_2^* + g(\theta) > kq_1^*$。

引理7.2 （1）对于任意$s \geq 0$，$\theta q_2^* < q_1^*$；（2）$\partial Q^*/\partial s > 0$，$\partial q_1^*/\partial s > 0$；（3）$\text{sgn}(-\partial q_1^*/\partial \theta) = \text{sgn}(\partial q_2^*/\partial \theta) = \text{sgn}(\partial Q^*/\partial \theta) = \text{sgn}(P'(Q^*)q_2^* + s + bc)$。

因为企业2比企业1行为更具有侵略性，但是技术上更没有效率，所以引理7.1显然成立。引理7.2的（1）可以通过企业2的无效率所解释，（2）可以由企业1有效边际成本（换言之，边际成本减补贴率）的减少来解释。引理7.2背后的经济学直觉可以解释为：一方面，θ的增加促使企业2更加利益导向性（更没有侵略性），也减少了企业2的有效边际成本。前一个效应通过减少企业2的产出起作用，而后一个效应意在增加企业2的产出。如果s很小（大），前一个效用就会比后一个更强（弱），因此企业2的产出会随着θ降低（升高）。另一方面，通过策略替代性，企业1的产出会随着θ升高（降低）。

第三节　最 优 政 策

一、最优补贴

我们现在分析政府在第一阶段进行的最优选择，我们先从给定私有化程度的最优补贴政策开始，为了保证这个最优化问题的可信度以及保证$s^*(\theta)$的唯一性，我们做出以下假设：

假设7.3 $SW_{11}^*(s, \theta) < 0$。

在这个假设下,最优补贴 $s^*(\theta)$ 应该满足以下最优条件 $SW_1^*(s^*(\theta), \theta) = 0$;换言之,

$$(P(Q^*) - kq_2^* - g(\theta))\frac{\partial Q^*}{\partial s} + (kq_2^* + g(\theta) - kq_1^*)\frac{\partial q_1^*}{\partial s} = 0 \quad (7.3)$$

右侧首项描述了总产出扩张的福利效应。假设企业2过度生产($P(Q^*) < kq_2^* + g(\theta)$),s 的增加会减少均衡中的价格。尽管这也能带来消费者剩余的增加,却由于企业2的无效率生产造成了严重的福利损失。因此,当企业2过度生产,第一项会是负的福利效应,我们称之为产出扩张效应。

左侧第二项代表企业1与企业2产出替代性的福利效应。假设企业2的边际成本比企业1高,在这种情况下,如果企业2的产出被更有效率的企业1替代,福利将会增加。由于企业1的产出会随着 s 增加,如果 $kq_2^* + g(\theta) > kq_1^*$,等式(7.3)左边的第二项将是一个正的福利效应。我们称之为产出替代效应。等式(7.3)表明最优补贴的设定需要平衡产出扩张效应和产出替代效应。

这一小节的剩余部分,我们从以下两点讨论最优补贴:(1)最优补贴怎样影响生产分配;(2)私有化程度怎样影响最优补贴。

1. 对生产分配的影响

命题7.1 最优补贴 $s^*(\theta) > 0$,进一步地,(1)$q_1^*(s^*(0), 0) = q_1^E(0)$,$q_2^*(s^*(0), 0) = q_2^E(0)$;(2)对于任意 $\theta \in (0, 1]$,$kq_2^*(s^*(\theta), \theta) + g(\theta) > \max\{P(Q^*(s^*(\theta), \theta)), kq_1^*(s^*(\theta), \theta)\}$。

假设政府不向企业提供补贴。如引理7.1所展示的,企业2会生产不足($P(Q^*) \geq kq_2^* + g(\theta)$),企业2的边际成本也会比企业1高($kq_2^* + g(\theta) > kq_1^*$)。因此,产出扩张效应和产出替代效应之和为正,这意味着补贴的增加会增强福利。这也是为什么政府设置一个正的补贴来增强福利。

命题7.1论述了当企业2完全国有时($\theta = 0$),有效率的生产分配可以通过最优补贴达到。由于完全国有的企业2是福利最大化者,均衡产出会选择在边际成本等于价格的水平上。这允许政府补贴企业仅仅是为了补偿企业1的生产不足。因此最优的补贴带来了有效的生产分配,$c = 0$(即,$g'(\theta)$)这也带来了最优的生产分配。然而命题7.1中的(2)证实了在最优的补贴政策下一旦企业2

被私有化就会进行过度生产。这和 WT 模型中声称最优生产分配与 θ 无关的论述形成了鲜明的对比。我们得到以下结果：

推论 7.1 如果国有企业和民营企业存在成本差距，PNT 和 quasi-PNT 都不成立。

当 b = 0 时，本模型与 MT 模型等同。命题 7.1 和推论 7.1 背后的直觉为假设政府选择了较小的补贴率使得 $P(Q^*) \geqslant kq_2^* + g(\theta)$，由于具有很强的动机进行生产，企业 2 的边际成本就会比企业 1 高（$kq_2^* + g(\theta) - kq_2^* > 0$）。反过来，产出扩张效应和产出替代效应之和为负。最终政府会选择较大的补贴率使得 $P(Q^*) < kq_2^* + g(\theta)$。

2. θ 对最优补贴的影响

命题 7.2 假设 $s = s^*(\theta)$，（1）θ 对均衡产出的直接影响是 $\partial q_1^*/\partial\theta < 0$，$\partial q_2^*/\partial\theta > 0$ 和 $\partial Q^*/\partial\theta > 0$。（2）存在某一水平的 $\bar{c}$ 使得对于 $c < \bar{c}$，$s^{*\prime}(0) > 0$，另一方面，对于 $c > \bar{c}$，$s^{*\prime}(0) < 0$。

命题 7.2（2）表明当企业 2 完全国有且 c 较小（大）时，最优补贴与私有化程度正（负）相关。特别是如果私有化对企业 2 的技术没有影响（c = 0），企业 2 被私有化之后补贴肯定会增加。另一方面，如果私有化能够彻底提高企业 2 的技术，最优补贴率会下降。这一结果清晰表明了 c 在 θ 对最优补贴的影响上起到了重要作用。我们可以得出决定 $s^*(\theta)$ 与 θ 之间关系的关键因素不是 b 而是 c。因此，c 通过命题 7.2（2）证明 PNT 不成立。

一方面，松村和都丸（2013）得出和命题 7.2（2）相似的结果。他们提出一个混合双寡头模型，其中，国有企业和民营企业具有相同的成本函数 $c(q) = (k/2)q^2$，补贴与扭曲性税收政策同时存在。他们发现当 k 较小时，私有化提高了最优补贴。因此，松村和都丸（2013）与本模型有一个共同的观点即私有化和补贴率之间的正相关关系是和较低的边际成本相关的。另一方面，本章与松村和都丸（2013）的一个重要不同点在于本章参数 c 不被国有企业和民营企业享有，而是刻画了企业 2 独有的私有化带来的技术提升。命题 7.2（2）给私有化和补贴之间的关系提供了另一种解释。

命题 7.2（2）的直觉可以解释为：θ = 0 时，假设 θ 有无穷小的一个增长，补贴率 $s^*(0)$ 不变，由于假设 3 和隐函数定理，决定 $s^{*\prime}(0)$ 符号的二阶偏导

$SW_{12}^*(s^*(0), 0)$ 能被化简为

$$SW_{12}^*(s^*(0), 0) = \left(\frac{\partial Q^*}{\partial s}\right)\frac{\partial}{\partial \theta}(P(Q^*) - kq_2^* - g(\theta)) + \left(\frac{\partial q_1^*}{\partial s}\right)\frac{\partial}{\partial \theta}(kq_2^* + g(\theta) - kq_1^*)$$

其中，$q_i^*(s^*(0), 0) = q_i^E(0)$，从命题 7.1 （1） 和 （2） 可以得到等式右边首项（θ 对产出扩张效应的边际影响）为负，第二项（θ 对产出替代效应的边际影响）为正。从命题 7.2 （1） 可以得到 θ 的增加扩大了企业 2 的产出，降低了企业 1 的产出。进一步来说，当 c 较小时，企业 2 边际成本的减少同样较小。因此，θ 在产出替代效应上的边际影响很强，足以支配对产出替代效应的影响。这也是为何当企业 2 完全国有且 c 足够小时政府会提高补贴率。

二、最优私有化

最后，我们求解最优私有化政策。简单计算可以得到：

$$SW^{**'}(\theta) = (P(Q^*) - kq_2^* - g(\theta))\frac{\partial Q^*}{\partial \theta} + (kq_2^* + g(\theta) - kq_1^*)\frac{\partial q_1^*}{\partial \theta} + bcq_2^* \tag{7.4}$$

通过等式右侧可以观察到，福利效应是由三项组成的。很明显，第一项和第二项即为产出扩张效应和产出替代效应。θ 的改变直接和间接影响福利。私有化能够降低成本差距，这部分减少间接影响了生产分配。后一个间接效应是由产出扩张效应和产出替代效应所描述的，而前一个非负的福利影响是由等式（7.4）右侧第三项所描述的。我们称之为成本减少效应。

当企业 2 完全私有，在所有可能的技术水平中会拥有最有效的技术水平。这似乎说服我们最优的私有化政策就是选择 θ = 1，通过控制补贴率调剂生产分配。然而，正如命题 7.3 所言，这并不一定正确。

命题 7.3 （1） 对任意 b > 0 和 c ∈ (0, 1) 完全国有不是社会最优。（2） 如果 c ∈ (0, 1) 足够小，部分私有化是社会最优的。

命题 7.3 的结论很容易得到解释。一方面，当 θ = 0，最优的补贴带来了有效产出，这表明 θ 带来的产出扩张效应和产出替代效应在 θ = 0 附近是可以忽略的。也即成本减少效应是唯一的福利效应，因此政府能够通过私有化企业 2 来增强福利。命题 7.3 （2） 背后的直觉可以解释为：假设 θ = 1 时，有一个无穷小

的减少，此时有两个补偿福利效应。从命题7.1和命题7.2可以得到，产出扩张效应和产出替代效应同时为正。另一方面，θ的减少降低了企业2的技术，造成了负的成本减少效应。如果c非常小以至于成本减少效应受到限制，则正向的福利效应会支配负向的福利效应，所以与命题7.3（1）一起，可以得出当c较小时部分私有化是最优的。

由于命题7.3（2）排除了c=0的情况，这意味着我们不能否认当c=0时完全国有化才是社会最优的可能性。这相当重要。松村（1998）证实如果私有化不能带来技术提升那么完全国有化在一般模型中不是最优解。有人可能认为我们的结果是否与松村（1998）的结果相违背，实际上这并不存在矛盾。在我们的模型中，当θ=0时产出扩张效应和产出替代效应都不存在，只有唯一的成本减少效应影响福利。然而，当c=0，成本减少效应同样消失（因此$SW^{**'}(0)=0$），这表明完全国有化可能最大化社会福利。反过来也可以轻易推导，当c足够大，完全私有化可能是社会最优的。

第四节 结 论

已有研究提出了混合寡头领域的一个重要理论——私有化中立理论（PNT）。PNT强调无论国有企业被多大程度的私有化，都是同样的补贴率带来最优的生产分配。然而PNT有一个至关重要的假设，就是国有企业和民营企业拥有同等的技术水平。这个假设从实证层面来看是很难成立的。本章考虑到了国有企业和民营企业之间的成本差距以及私有化能够带来的技术提升，进一步重新考虑了关于补贴和私有化的最优政策组合。

首先我们证实了当国有企业是完全国有化时，最优的补贴能够带来有效率的生产分配，然而一旦它被私有化，这个结果会得到戏剧性的改变。私有化的企业会在最优补贴下进行过度生产，这和关于PNT的已有研究形成了鲜明的对比，已有研究发现私有化之后最优的生产分配可以达到。其次，我们探究了最优补贴和私有化程度之间的关系，发现如果企业2完全国有，而且私有化带来的技术提升较小（大）时，最优补贴是和私有化程度正（负）相关。最后我们探究了在最优补贴下的最优私有化政策，我们发现如果私有化带来的技术进步不是特别大的时候部分私有化才是最优解。

在本章中，我们假设所有的民营企业都是国内企业，然而最近的一些放松监管的动向，允许了外国投资者购买国内企业的股份。在这个事实下，松村和都丸（2012）考虑了国内民营企业的外资持股将如何影响补贴和私有化政策。如果将部分私有化和成本差距考虑在内，这也将是一个有趣的研究方向。

此外，本章的成本差异方程是给定的。我们需要研究另一种模型设定，一种很简单的方法就是讨论研发投入对成本降低的影响。比如松村和松岛（2004）在考虑 R&D 投入对成本减少的情况下，采用 Hotelling 模型解释国有企业和民营企业之间的成本差异。吉尔 – 莫托等（2011）证明了无论有没有对 R&D 的补贴，国有企业的边际成本都比民营企业高。在他们模型的基础上进一步考虑部分私有化政策，我们可以内生化成本差异，进一步探测成本差异和私有化程度之间的关系。

本 章 附 录

附录 A

引理 7.1 的证明：

因为引理 7.1 (1) 能够很简单地由一阶条件 (2) 证明，我们下面只证明引理 7.1 (2)。

引理 7.1 (2) 证明：

显然假若 $q_2^*(0, \theta) \geqslant q_1^*(0, \theta)$，则有 $kq_2^*(0, \theta) + g(\theta) > kq_1^*(0, \theta)$。因而下面假设 $q_2^*(0, \theta) < q_1^*(0, \theta)$。均衡下我们有 $V_1 - \Pi_1^1 = 0$，因而可得

$$kq_1^*(0, \theta) - (kq_2^*(0, \theta) + g(\theta)) = P'(Q^*(0, \theta))(q_1^*(0, \theta) - \theta q_2^*(0, \theta)) < 0$$

引理 7.2 的证明：

引理 7.2 (1) 证明：

因为显然在 $\theta = 0$ 时有 $\theta q_2^*(s, \theta) < q_1^*(s, \theta)$，下面我们只关注 $\theta \in (0, 1]$ 的情况。假设 $\theta \in (0, 1]$，以保证 $\theta q_2^*(s, \theta) \geqslant q_1^*(s, \theta)$。与引理 7.1 的 (2) 相类似，我们利用式 (7.1)、式 (7.2) 得到，

$$0 = P'(Q^*)(\theta q_2^* - q_1^*) - k(q_2^* - q_1^*) - g(\theta) - (1-\theta)s \leqslant -k(q_2^* - q_1^*) - g(\theta)$$

因为，

$$s \geqslant 0, \quad \theta q_2^* \geqslant q_1^*$$

所以进一步地有，

$$P'(Q^*)(\theta q_2^* - q_1^*) - k(q_2^* - q_1^*) - g(\theta) - (1-\theta)s \leqslant -k(q_2^* - q_1^*) - g(\theta)$$

又因为，

$$g(\theta) > 0, \quad q_2^* > \theta q_2^* > q_1^*$$

所以，

$$0 = -k(q_2^* - q_1^*) - g(\theta) < 0$$

显然矛盾。因而若 $s \geqslant 0$，则有 $\theta q_2^*(s, \theta) < q_1^*(s, \theta)$

引理 7.2 (2) 证明：

对式 (7.1) 和式 (7.2) 关于 s 求偏微分，我们可以得到，

$$\frac{\partial q_1^*}{\partial s} = \frac{\partial \pi_{12}^1 - V_{11}}{\Omega} = \frac{k - P'(Q^*)[1 + \theta\varepsilon(Q^*)(\sigma_2 - \sigma_1)]}{\Omega}$$

$$\frac{\partial q_2^*}{\partial s} = \frac{-\theta\Pi_{11}^1 + V_{12}}{\Omega} = \frac{\theta k - P'(Q^*)[2\theta - 1 - \theta\varepsilon(Q^*)(\sigma_2 - \sigma_1)]}{\Omega}$$

$$\frac{\partial Q^*}{\partial s} = -\frac{V_{11} - V_{12} + \theta(\Pi_{11}^1 - \Pi_{12}^1)}{\Omega} = \frac{(1+\theta)k - 2\theta P'(Q^*)}{\Omega} > 0$$

其中，$\sigma_i = q_i^*(s, \theta)/Q_i^*(s, \theta)$ 为企业的市场份额。

引理 7.2 (3) 证明：

对式 (7.1) 与式 (7.2) 关于 θ 求偏微分，我们得到，

$$\frac{\partial q_1^*}{\partial \theta} = \frac{\Pi_{12}^1 V_{14}}{\Omega}$$

$$\frac{\partial q_2^*}{\partial \theta} = -\frac{\Pi_{11}^1 V_{14}}{\Omega}$$

$$\frac{\partial Q^*}{\partial \theta} = -\frac{(\Pi_{11}^1 - \Pi_{12}^1)V_{14}}{\Omega}$$

其中，$V_{14} = P'(Q^*)q_2^* + s + bc$。结合假设 7.1、假设 7.2，可以进一步地得到，

$$\text{sgn}\left(-\frac{\partial q_1^*}{\partial \theta}\right) = \text{sgn}\left(\frac{\partial q_2^*}{\partial \theta}\right) = \text{sgn}\left(\frac{\partial Q^*}{\partial \theta}\right) = \text{sgn}(P'(Q^*)q_2^* + s + bc)$$

命题 7.1 的证明：

将式 (7.1)、式 (7.2) 的一阶条件重写可得，

$$-\theta P'(Q^*(0, \theta))q_2^*(0, \theta)\frac{\partial Q^*}{\partial s} - P'(Q^*(0, \theta))(q_1^*(0, \theta) - \theta q_2^*(0, \theta))\frac{\partial q_1^*}{\partial s} > 0。$$

不等关系来源于引理 7.2。因此，结合最优补贴为正的假设 7.3，我们可以依次展开对 (1) 与 (2) 的证明。

命题 7.1 (1) 证明：

我们可直接证明若 $\theta = 0$，最优生产补贴率为 $\bar{s} = -P'(Q^E(0)q_1^E)$。通过计算我们可以得到：

$$\Pi_{11}^1(q_1^E(0), q_2^E(0), \bar{s}) = P(Q^E(0)) + P'(Q^E(0)q_1^E) - kq_1^E + \bar{s}$$
$$= P'(Q^E(0)q_1^E(0)) + \bar{s} = 0$$

因此，$q_i = q_i^E(0)$ 是企业 i 对企业 j，$q_j = q_j^E(0)$，的最优反应（$i \neq j$）。因为，

$$V(q_1^E(0), q_2^E(0), \bar{s}, 0) = P(Q^E(0)) - kq_2^E(0) - g(0) = 0,$$

其中，最后一个等号推导来源于 $q_2^E(0)$ 的定义。

命题 7.1（2）证明：

假设存在一个 $\theta \in (0, 1]$ 使得 $P(Q^*(s^*(\theta), \theta)) \geqslant kq_2^*(s^*(\theta), \theta) + g(\theta)$。结合式（7.3）与引理 7.2 的（2）式，此不等式可进一步地变换为，

$$kq_2^*(s^*(\theta), \theta) + g(\theta) - kq_1^*(s^*(\theta), \theta) \leqslant 0 \tag{7.5}$$

因而可得，

$$q_1^*(s^*(\theta), \theta) > q_2^*(s^*(\theta), \theta) \tag{7.6}$$

通过将一阶条件（2）变换可得：$P(Q^*) - kq_2^* - g(\theta) = -\theta(P'(Q^*)q_2^* + s^*(\theta))$。

由 θ 的定义可知等式的左边非负，相应的等式右边也非负，即可得，

$$s^*(\theta) \leqslant -P'(Q^*)q_2^* \tag{7.7}$$

利用式（7.5）、式（7.6）、式（7.7）的不等关系，我们可将一阶条件式（7.1）重新变换为，

$$\begin{aligned}
0 &= P(Q^*) + P'(Q^*)q_1^* - kq_1^* + s^*(\theta) \\
&\leqslant P(Q^*) + P'(Q^*)q_1^* - kq_2^* - g(\theta) + s^*(\theta) \\
&= P'(Q^*)(q_1^* - \theta q_2^*) + (1 - \theta)s^*(\theta) \\
&\leqslant P'(Q^*)(q_1^* - q_2^*) \\
&< 0
\end{aligned}$$

其中第一个变换的不等关系来源于式（7.7），第二个变换的相等关系来源于式（7.2），第三个变换的不等关系来源于式（7.7），最后变换的不等关系来源于式（7.6）。

显然矛盾，因此当 $\theta \in (0, 1]$ 时，$P(Q^*) < kq_2^* + g(\theta)$。另外，式（7.5）表示 $kq_2^* + g(\theta) > kq_1^*$。

命题 7.2 的证明：

（1）证明：

结合引理 7.2（3），可定义 $F(\theta) \equiv P'(Q^*(s^*(\theta), \theta))q_2^*(s^*(\theta), \theta) + s^*(\theta) + bc > 0$。

首先假设 $\theta = 0$。命题 7.1 的证明显示 $s^*(0) = -P'(Q^E(0))q_2^E(0)$。因此，我们可得到，

$$F(0) = P'(Q^E(0))(q_1^E(0) - q_2^E(0)) + bc > 0$$

下面假设 $\theta \in (0, 1]$，结合一阶条件式（7.2）与定理（7.1），可得，

$$F(\theta) = -\frac{P(Q^*(s^*(\theta), \theta)) - kq_2^*(s^*(\theta), \theta) - g(\theta)}{\theta} + bc > 0$$

（2）证明：

通过隐函数定理我们知道，$\mathrm{sgn}(s^{*\prime}(0)) = \mathrm{sgn}(SW_{12}^*(s^*(0), 0))$，因而我们将视线转移至 $SW_{12}^*(s^*(0), 0)$ 的符号。通过简单的计算即可得，

$$SW_{12}^*(s^*(0), 0) = -P'(Q^E)(q_2^E - q_1^E)\frac{\partial q_2^*}{\partial s} - P'(Q^E)\left(\frac{\partial q_1^*}{\partial \theta} + \varepsilon\sigma_1\frac{\partial Q^*}{\partial \theta}\right)\frac{\partial q_1^*}{\partial s}$$

$$= P'(Q^E)\left[\left(\frac{b}{k}\right)\frac{\partial q_2^*}{\partial s} - \left(\frac{\partial q_1^*}{\partial \theta} + \varepsilon\sigma_1\frac{\partial Q^*}{\partial \theta}\right)\frac{\partial q_1^*}{\partial s}\right]$$

第二个不等关系来源于 $q_2^E(0) - q_1^E(0) = -\left(\frac{b}{k}\right) < 0$。更进一步地，由引理 7.2（2）与（3）证明：

我们将上式变换为

$$SW_{12}^*(s^*(0), 0) = \frac{bP'(Q^E)(P'(Q^E) - k)(P'(Q^E) + \varepsilon\sigma_1 k)(c - \bar{c})}{\Omega^2}$$

其中，$\bar{c} = \frac{(1 + \varepsilon\sigma_1)P'(Q^E)(2P'(Q^E) - k)}{(P'(Q^E) - k)(P'(Q^E) + \varepsilon\sigma_1 k)}$，因此当且仅当 $c < \bar{c}$ 时，$SW_{12}^*(s^*(0), 0) > 0$。

命题 7.3 的证明：

（1）证明：

我们首先证明完全国有化为非最优的。结合命题 7.2 的（1），我们将式（7.4）变换后可得，

$$SW^{**\prime}(0) = bcq_2^E(0) > 0$$

这表示 θ 从 0 增加显然会增加社会福利。因此，只要 $b > 0$，$c \in (0, 1]$，完全国有化都不可能是最优的。

(2) 证明：

当 $\theta = 1$ 时，结合式 (7.3) 可得 $SW^{**\prime}(\theta)$ 的值，

$$SW^{**\prime}(1) = (kq_2^* + g(1) - kq_1^*)\left[\frac{\partial q_1^*}{\partial \theta} - \left(\frac{\frac{\partial Q^*}{\partial \theta}}{\frac{\partial Q^*}{\partial s}}\right)\frac{\partial q_1^*}{\partial s}\right] + bcq_2^*$$

由一阶条件式 (7.1)、式 (7.2) 可知，$k(q_1^*(s^*(1), 1) - q_2^*(s^*(1), 1)) = -g(1)/(P'(Q^*(s^*(1), 1)) - k)$，因而进一步得到，

$$SW^{**\prime}(1) = -\frac{b(1-c)P'(Q^*)(P'(Q^*) - kq_2^* - g(1))}{2(P'(Q^*) - k)^2} + bcq_2^*$$

而当 c 趋近于 0 时，等式右侧的第二项可忽略不计。

附录 B

附录 B 简略地展示一个特例模型的结果，我们假设反需求曲线为 $P(Q) = 1 - Q$。同样的假设企业 1、2 的成本分别为 $c(q_1) = (1/2)q_1^2$ 以及 $c(q_2, \theta) = \left(\frac{1}{2}\right)q_2^2 + b(1 - c\theta)$，其中 $b \in (0, 1/2)$，$c \in (0, 1)$。b 的上限是为了保证企业 1、2 的均衡产量为正。则可得第二阶段的均衡产出为，

$$q_1^*(s, \theta) = \frac{b(1 - c\theta) + 1 + \theta + 2s}{3\theta + 5}$$

$$q_2^*(s, \theta) = \frac{2 - 3b(1 - c\theta) + (3\theta - 1)s}{3\theta + 5}$$

将均衡产量代入福利函数中，解一阶条件后我们可以得到最优补贴率：

$$s^*(\theta) = \frac{b[9c\theta^3 - 3(3 + c)\theta^2 + (3 - 2c)\theta + 2] + 6\theta^2 + 2}{6(3\theta^2 + 1)}$$

显然，最优补贴率在 $b \in (0, 1/2)$ 的假设下为正。对 $s^*(\theta)$ 求导后可得，

$$s^{*\prime}(\theta) = \frac{b[27c\theta^4 + 3(11c - 3)\theta^2 - 6(c + 5)\theta + 3 - 2c]}{54\theta^4 + 36\theta^2 + 6}$$

与命题 7.2 不同的是，在现在这个线性的特殊模型中 $s^{*\prime}(0) > 0$。然而，$s^{*\prime}(\theta)$ 的符号在 $\theta \in (0, 1]$ 是不明确的。因此我们用下面的图形来理解最优补贴率函数的形状。

图 7-1 展示了最优补贴率的走势。在私有化程度较小时，曲线倾斜向上。一旦 θ 变大，曲线很可能倾斜向下。另外，图 7-1 证明了在 c 和 θ 足够大时，

$s^{*'}(\theta)$ 可以为正。同样的道理也可以用来解释 $s^{*'}(0) > 0$。这是因为企业 2 拥有更高效率的技术使得 c 和 θ 很大，因此，均衡生产分配与有效生产分配非常相似。

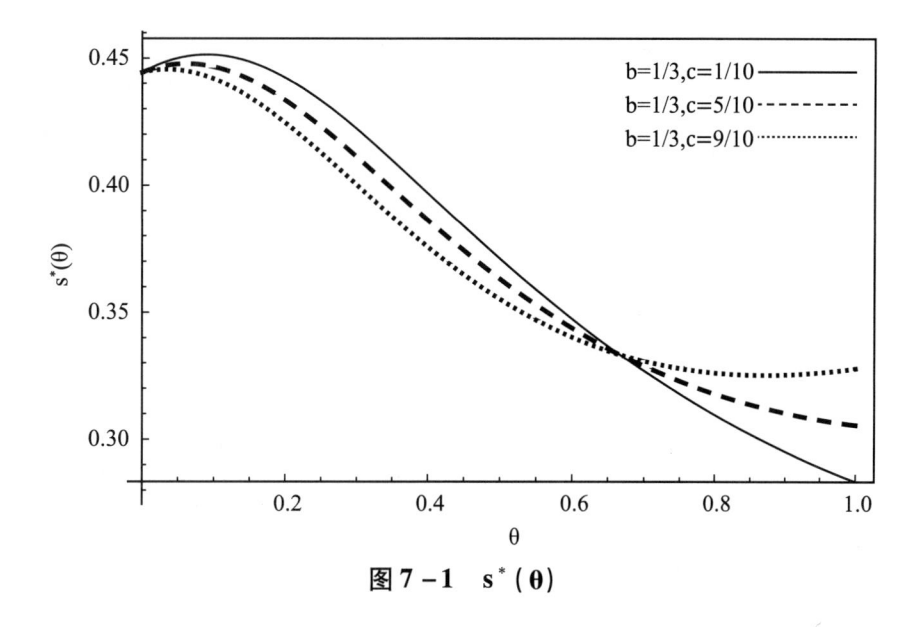

图 7-1　$s^*(\theta)$

第八章
国企私有化与产业政策

第一节　引　　言

国有企业私有化是不同转型经济体的共同特征，只是在私有化程度、范围和路径上存在差异。观察经济转轨的经验发现，国有企业往往遭受着效率损失。国有企业改革一直是中国经济体制改革的中心环节。20世纪80年代至90年代中期，中国政府出台了一系列措施，包括中央与地方的财政分权、促进国企内部改善经营与激励机制、逐步引入市场竞争、转变国有企业的经济角色等，力图增强国有企业的市场活力和竞争力。博斯（Bos，1991）指出，完全私有化或部分私有化可能只是政府想要维持其在国有企业的支配力的一种结果，作为特殊的公共政策的目标之一，政府需要一定程度上抑制企业利润最大化行为，使得消费者的利益免受损害。

近年来，中国政府运用产业政策对微观经济活动的干预明显加强，产业政策几乎涵盖中国经济的所有产业，更多地表现为对产业内特定企业、特定技术、特定产品的选择性扶持以及对产业组织形态的调控。然而这些政策调控手段无论在理论依据还是实施效果上都面临严峻的挑战和质疑。

本章在开放条件下构建混合寡头模型，将政策内生化，在新古典的分析框架内，通过设定以下三种产业与贸易政策机制分析在中国的竞争性行业实行私有化战略的过程中[①]，政策选择对于不同类型企业私有化进程的影响：（1）政府同时进行产量补贴和征收关税政策；（2）政府只对国内企业进行产量补贴；（3）政府只对国外企业征收关税，一家国外企业进入国内市场，并且与国有企业、民营企业进行古诺竞争。通过比较三种政策下的社会福利，本章认为国有企业根据其边际成本定价并不是最优的。效率差异的程度对贸易政策和私有化程度具有一定的影响。如果国外企业相对国内企业具有较高的生产效率，在其

---

① 首先，从传统的国际贸易理论视角，寡头市场中政府能够通过关税的设定来改善贸易条件，关税往往作为一种策略性政策工具纳入税收效应、国际竞争以及环境政策等问题的研究中；其次，将混合寡头理论应用于国有企业私有化问题的讨论之初，产量补贴或价格补贴在混合寡头模型中即成为基础性的产业政策工具。本章同样遵循这一惯例。

他条件不变的情况下，国有企业私有化的程度较高，单位补贴率和关税税率也较高；如果国有企业相对民营企业具有较高的生产效率，在其他条件不变的情况下，私有化程度同样较高，同时政府倾向于对国外企业征收较高的关税，而对国内企业进行比较少的产量补贴。特别是相对于政府考虑其他几种情形的贸易政策而言，不考虑关税政策时的最优产量补贴率往往比较高；同样地，政府不考虑产量补贴时的最优关税也会比较高。本章还发现，社会福利水平或私有化程度的高低也对政策选择有一定的影响。考虑到市场规模和边际成本，部分私有化对于这三种政策来说都是最好的选择。更有趣的是，在本章提出的三种政策中，政府仅对国内企业进行产量补贴并且将国有企业完全私有化的政策下消费者剩余最高，而社会福利水平相对较低。在市场规模和边际成本固定的条件下，其他两种政策可能优于政府只对国内企业进行补贴的政策。

将混合寡头理论用于国有企业私有化问题的讨论可以追溯到梅里尔和施耐德（Merrill and Schneider，1966）的研究。他们首先将国有企业引入寡头竞争市场之中，并提出国有企业可以改进社会福利的条件，相关的文献还涉及税收效应、国际竞争以及环境政策等问题。松村（1998）提出一个部分私有化的理论模型，假设国有企业与民营企业没有生产效率的差异，两个企业进行古诺竞争，则完全私有化或保持完全国有都不是最优选择。王和陈（2010）还将模型拓展到存在生产效率优势的情形，探讨自由进入市场情况下生产效率差异如何影响私有化的策略选择。

关于国有企业私有化问题，已有的理论文献集中研究国有企业私有化的条件，而对于部分私有化普遍存在于中国的事实并未给予充分的解释。关于私有化程度的问题，白重恩等（2006）给出了新的认识，对于经济转轨国家而言，由于完备的社会保障体系尚未建立，所以政府在经济中保留一部分国有企业是最优的策略选择。王红领等（2001）则从实证的角度说明国有企业的产权改革可以采用将政府的目标函数考虑在内的次优私有化策略。在这一背景下，本章应用混合寡头模型，基于社会福利最大化视角，研究不同产业（贸易）政策安排下的最优私有化程度及福利水平，并在此基础上，对上述问题给出合乎逻辑的解释。这是回答中国现阶段是否应该推动以及如何推动私有化进程，监管部门应该如何制定产业及贸易政策等现实问题的关键。

从传统国际贸易理论视角，布兰德和斯宾塞（1984）的研究表明，在寡头市场中政府能够通过关税的设定来改善贸易条件，关税作为一种策略性政策工具，可以将外资企业的税收转移给国内企业。艾拓和格罗斯曼（Eato and Grossman，1986）进一步在具有寡头特征的产业中检验了贸易政策和产业政策的福利效果。大量的研究表明，最优贸易政策需要具备以下条件：首先，只要寡头垄断利润可以转移给国内的企业，那么无论是贸易政策还是产业政策都可以提升社会福利水平；其次，对于古诺竞争，产量补贴政策是最优的，而对于伯特兰德竞争，税收政策往往是最优的[①]。

而将国外企业竞争引入混合寡头模型的研究，始于科诺和珍妮（Corneo and Jeanne，1994）。此后，帕尔和怀特（1998）检验了私有化和策略性贸易政策的相互作用，研究表明如果仅进行产量补贴，私有化可以提升社会福利水平。然而，如果仅仅对国外企业征收关税，私有化可以扩大社会福利提升的参数空间。帕尔和怀特（2003）进一步研究发现国有企业的存在降低了最优关税和补贴，但同时也降低了两国之间的贸易额。尽管如此，较低的贸易额并不会导致两国较低的社会福利水平。常（Chang，2005）扩展了松村（1998）的模型，分析了在开放的混合寡头市场上存在企业成本差异时的最优贸易和私有化政策。赵和于（2006）等进一步发现福利极大化的关税税率随着私有化程度的提高而提高，当政府将国有企业完全私有化或部分私有化时，贸易自由化是不可取的。王等（2009）则在开放的混合寡头市场中研究了不同市场结构下，对国外企业征收关税时私有化战略的必要性。王等（2010）在成本不对称条件下，利用混合寡头模型重新检验了关税的合理区间，证明了在古诺竞争中，国内民营企业和国外民营企业之间规模的差距会增加，社会福利极大化目标下的最优关税比税收收入极大化目标下的关税更高；而在斯塔克伯格（H. Von Stackelberg）竞争中，社会福利极大化目标下的最优关税则小于税收收入极大化目标下的关税。

上述文献在寡头垄断或者混合寡头垄断模型中着重讨论了最优关税选择问题，但是缺乏对私有化政策的关注。云龙和斯塔勒（2009）认为当地政府事前承诺将采取私有化政策，可以同时对国内企业进行产量补贴而对国外企业征收关税。最优关税不依赖于私有化程度，并且只要最优关税税率是正的，那么最

---

① 这是贸易理论的一个命题，如果没有直接的贸易扭曲或政策目标，那么补贴比关税更容易实现经济或非经济目标。已有研究表明，如果存在内生性的贸易扭曲或非经济原因导致的扭曲，那么不同的政策带来社会福利水平的排序可能会产生变化，而将从价税和具体的政策性工具相结合，可以消除垄断带来的无谓损失。

优补贴率与私有化程度负相关。然而，他们并没有内生决定私有化程度。王等（2012）将市场结构纳入考虑，分别就政府的税收收入极大化目标和社会福利极大化目标讨论了私有化的效果。研究表明，存在成本差异情况下，私有化的国有企业的边际成本超过了临界值，无论企业的行动策略如何，社会福利极大化目标下的最优关税都小于税收收入极大化目标下的关税。韩和小川（2008）在开放的混合寡头市场中探讨了最优私有化和贸易政策的问题。研究发现，在古诺竞争中，完全国有是最优策略，而私有化战略受到政策工具和企业间的成本差异的影响非常显著。相比之下，国内文献较少，代表性文献为叶光亮和邓国营（2010）在开放的混合寡头市场中研究了国内外企业的产品差异程度和国有企业私有化程度对最优关税的影响。研究表明，无论政府以收入极大化还是福利极大化为目标，其设定的关税税率都应随着私有化程度和产品差异程度的提高而提高，政府福利目标与关税收入目标都与产品差异程度成正比。

  与已有文献相比较，本章的主要贡献如下：（1）本章的研究是对常（2005）等研究的补充和修正。将政策选择内生化，更加关注以下现实问题：首先，对于政府和国内市场而言，什么是最优的政策？其次，在开放的混合寡头市场中，对政府而言，单边的补贴政策是否是最优策略？再次，在既定的政策之下，最优的私有化程度如何？本章回答了一个问题：究竟是云龙和斯塔勒（2009）提出的完全私有，还是韩（2012）提出的完全国有是最优策略选择？后者不考虑成本差异问题，其研究表明最优的政策组合是国有企业完全私有化，并且同时采用产量补贴和关税两种政策工具。对此，本章进一步比较了三种政策下的私有化程度，即民营资本的参股比例。（2）本章在开放的混合寡头市场中根据政策决定的不同阶段，将贸易政策设定为同时进行产量补贴和征收关税政策、只对国内企业进行产量补贴、只对国外企业征收关税三种类型，探讨关税、产量补贴以及部分私有化战略等政策工具对社会福利的影响。已有的相关文献并没有将政府产业政策与私有化政策相结合来讨论国企私有化程度与社会福利水平的关系。（3）本章研究发现，社会福利或私有化程度的大小也对政策选择有一定的影响。考虑到市场规模和边际成本，部分私有化对上述三种政策而言都是最优选择。政府采取仅对国内企业进行产量补贴并且将国有企业完全私有化的政策，消费者剩余最高，而社会福利水平最低。

第二节 基本模型

本章在新古典经济学的分析框架内提出以下假设。国内市场包括一家国有企业（firm 0）、一家民营企业（firm 1）和一家国外民营企业（firm f）[①]。假设三家企业均以固定边际成本[②]生产某种同质产品，但是拥有不同的技术水平：国有企业生产效率最低，国外企业生产效率最高。给定国内民营企业的边际成本为 c，国有企业的边际成本记为 $(c+\Delta_d)$，其中，Δ_d 表示国有企业的效率损失；国外企业的边际成本记为 $(c-\Delta_f)$，其中，Δ_f 表示国外技术带来的成本节约效益，$c > \Delta_f \geq \Delta_d \geq 0$。当 $\Delta_f = \Delta_d = 0$ 时，所有企业具有相同的技术水平。因此，三家企业的利润函数可以分别表示为

$$\pi_0 = px_0 - (c + \Delta_d)x_0 \tag{8.1}$$

$$\pi_1 = px_1 - cx_1 \tag{8.2}$$

$$\pi_f = px_f - (c - \Delta_f)x_f \tag{8.3}$$

其中，p 为市场均衡价格。假设代表性消费者具有拟线性效用函数：

$$U = a(x_0 + x_1 + x_f) - \frac{(x_0 + x_1 + x_f)^2}{2} + I \tag{8.4}$$

其中，I 代表计价物的消费量。求解消费者的效用最大化问题，可以得到反需求函数为 $p = a - \sum_{i=0,1,f} x_i$。为保证市场规模足够大以满足均衡产出和价格非负，我们假设 $a > c + 5\Delta_f$。

本章进一步定义了三家企业的目标函数。基于博斯（1991）以及松村（1998）的设定，国有企业的目标函数可以定义为企业利润与社会福利的加权和：

$$U_0(x_0, x_1, x_f) = (1-\theta)SW(x_0, x_1, x_f) + \theta\pi_0(x_0, x_1, x_f) \tag{8.5}$$

[①] 假设竞争发生在国内市场，独立于国外市场，因此国内市场的产量决定与国外市场无关。
[②] 在开放经济的混合寡头模型中，韩和奥佳华（Han and Ogawa, 2008）假设企业成本对称，采用了二次成本函数的设定；王和陈（2010）曾在二次成本函数的设定下考虑国有与民营两类企业的成本不对称。由于本章的重点在于探究三类企业之间存在成本差异时多种政策的协调方案，假设边际成本固定最易操作，又不失一般性，有助于得出清晰的政策建议。许多研究在考虑成本差异时假设固定边际成本。

其中，SW(x_0，x_1，x_f) 表示社会福利函数，包括了国内市场的消费者剩余、国内企业的利润和政府税收收入。$0 \leq \theta \leq 1$ 代表私有化程度，$\theta = 1$ 表示完全私有化，$\theta = 0$ 表示完全国有。因此，民营企业的目标函数可以表示为

$$U_i(x_0, x_1, x_f) = \pi_i(x_0, x_1, x_f), \quad i = 1, f \tag{8.6}$$

政府不仅要决定最优私有化程度，而且要设定对国内企业的补贴率和对国外企业的关税税率。本章通过设定三种优化策略检验产业（贸易）政策和私有化政策的有效协调：（1）政府同时进行产量补贴和征收关税；（2）政府只对国内企业进行产量补贴；（3）政府只对国外企业征收关税。社会福利函数给定为

$$SW = CS + \pi_0 + \pi_1 - s(x_1 + x_0) + \tau x_f \tag{8.7}$$

其中，τ 表示关税税率，s 表示每单位的产量补贴，而消费者剩余表示为 $CS = \dfrac{(x_0 + x_1 + x_f)^2}{2}$。当政府只对国内企业进行产量补贴时，$\tau = 0$；而当政府只对国外企业征收关税时，$s = 0$。

通过比较三种政策下的社会福利水平，政府可以优化产业政策与国有企业私有化的协调。本章的博弈框架如下：第一阶段，政府根据社会福利极大化目标决定最优的产业（贸易）政策和私有化程度①；第二阶段，给定政府的政策，三家企业进行产量竞争。

第三节 模型解析

一、均衡结果

本章利用逆向归纳法求解两阶段博弈模型。首先，给定政策变量，企业选择最优产量最大化其目标函数，分别在三种政策下得到企业的均衡产量 $x_i(\tau, s, \theta)$，

---

① 这里不需要考虑私有和产业（贸易）政策的排序问题。根据私有和贸易政策求解社会福利极大化问题，一阶条件最终等同于私有和最优补贴（关税）水平，唯一的区别在于政府的最优反应函数，但是不影响本章求解最优解。

$i = 0, 1, f$；其次，回到第一阶段，考虑政府以社会福利最大化为目标确定关税税率 τ、单位补贴率 s 以及私有化程度 θ。最终，得到子博弈完美纳什均衡（SPNE），详见表 8-1。

表 8-1　　　　　　　　　　　　子博弈完美纳什均衡

政策选择	p	x_0	x_1	x_f	θ	s	τ
1	$\frac{3c - \Delta_f + 2\Delta_d}{3}$	$\frac{a - c - 2\Delta_d}{2}$	$\frac{a-c}{2}$	$\frac{\Delta_f + \Delta_d}{3}$	$\frac{3\Delta_d}{2(\Delta_f + \Delta_d)}$	$\frac{3a - 3c + 2\Delta_f - 4\Delta_d}{6}$	$\frac{\Delta_f + \Delta_d}{3}$
2	$\frac{2c - \Delta_f + \Delta_d}{2}$	$\frac{a - c - 2\Delta_d}{2}$	$\frac{a-c}{2}$	$\frac{\Delta_f + \Delta_d}{2}$	$\frac{2\Delta_d}{\Delta_f + \Delta_d}$	$\frac{a - c + \Delta_f - \Delta_d}{2}$	
3	$c + 2\Delta_d$	$\frac{2a - 2c - \Delta_f - 9\Delta_d}{2}$	$2\Delta_d$	$\frac{\Delta_f + \Delta_d}{2}$	$\frac{\Delta_f + 3\Delta_d}{2a - 2c - 8\Delta_d}$		$\frac{\Delta_f + 3\Delta_d}{2}$

其中，政策 3 之下可以求出有关 (τ, θ) 的两组均衡解，但是在市场规模足够大的假设，即 $a > c + 5\Delta_f$ 且 $c > \Delta_f \geq \Delta_d \geq 0$ 成立时能够保证均衡的唯一性。从国内政府的政策反应曲线（见图 8-1）可以直观地验证该均衡的稳定性。

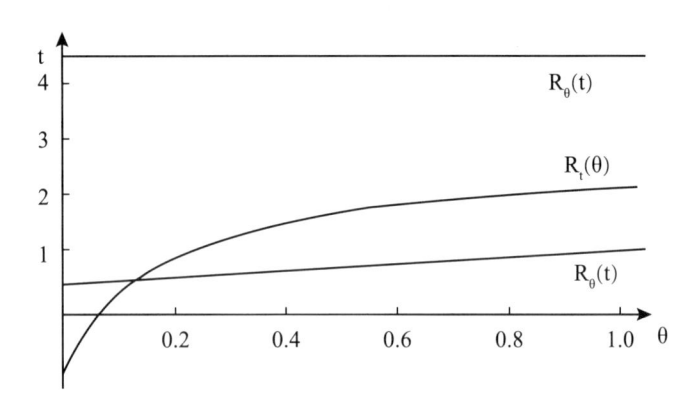

图 8-1　政策反应曲线

由此，本章得到以下引理和命题。

引理 8.1　三种政策下，均衡价格均不等于国有企业的边际成本。

松村（1998）证明，在国有企业私有化以前，封闭市场下的均衡价格等于国有企业的边际成本。王和穆克纪（2012）同样在封闭市场中检验了这一结论，指出在只有一家国有企业垄断市场的情况下，均衡价格等于国有企业的边际成本。很多相关文献关注开放经济条件下的混合寡头市场，大量的研究表明在完全国有的情况下，即 θ = 0 时，均衡价格低于国有企业的边际成本。众所周知，标准的假设是国有企业均衡产量和私有化程度负相关。而对于开放经济条件下的混合寡头市场，常（2005）的研究表明均衡价格等于国有企业的边际成本。本章认为，在开放经济条件下的混合寡头市场中，具有效率优势的国外企业进入国内市场，当政府只对国外企业征收关税时，市场价格高于国有企业的边际成本，而其他两种政策下，市场价格则低于国有企业的边际成本。进一步地，根据技术导致的成本优势和国有企业的成本劣势的这些特征可以得到以下命题：

命题 8.1 最优私有化程度、关税税率和补贴率随着技术导致的成本优势 Δ_f 的增加而提高；最优私有化程度和关税税率随着国有企业效率损失 Δ_d 的增加而提高，但补贴率将随着国有企业效率损失 Δ_d 的增加而降低。

传统观点认为，在市场竞争当中，企业的成本降低能够带来产量的提升。关税税率和补贴率可以直接调整企业间的成本差异，影响国内外企业间的产量分配；而私有化则会带来"产出替代效应"[①]，使产出由低效率的国有企业向高效率的民营企业转移。

Δ_f 或者 Δ_d 的增加意味着国内企业与国外企业、国有企业与民营企业之间效率差异的增大，可以放大私有化的利润转移效应，提高最优私有化程度。此时，如果政府搭配私有化政策征收进口关税或对国内企业进行产量补贴，可以增强国内企业的成本竞争力，区别在于前者会带来额外的关税收入，但后者需要额外的政府支出。本章发现，随着技术导致的成本优势 Δ_f 或国有企业效率损失 Δ_d 的增加，最优私有化程度和关税税率都会提高，但在政府同时进行产量补贴和征收关税以及只对国内企业进行产量补贴的情况下，国内企业和国外企业之间较高的成本差异 Δ_f 会降低政府支出，即补贴弥补生产效率差异所带来的收益不能弥补额外的政府支出。

本章进一步定义不同政策下的均衡产量为 x_{ij}，i = 1，2，3，j = 0，1，f，其中 i 表示不同的政策，j 代表不同的企业类型。p_i（i = 1，2，3）表示不同政策下的均衡价格 s_i（i = 1，2）表示政策 1 和政策 2 下的均衡补贴率，τ_i（i = 1，3）表

[①] 松村（1998）在混合寡头市场中讨论了私有化的两种效应。一是消费者剩余效应，即私有化会减少社会总产出，所以消费者剩余会下降；二是利润转移效应，即私有进程会导致产出从低效率企业向高效率企业转移，从而使得社会福利得到改善。

示政策 1 和政策 3 下的均衡关税税率。由此本章得到以下命题：

命题 8.2 在开放经济条件下的混合寡头市场中，国外企业进入国内市场，不同类型企业之间的生产效率差异导致成本差异。考虑以下情形的政策：

（1）如果政府对国内企业不进行产量补贴，那么国内企业的产量是最高的，并且国外企业的产量并非是最低的。譬如，$x_{30} > x_{10} = x_{20}$，$x_{31} > x_{11} = x_{21}$ 且 $x_{2f} = x_{3f} > x_{1f}$。

（2）如果政府不进行产量补贴，那么市场价格是最高的；如果政府不征收进口关税，那么市场价格是最低的，即 $p_3 > p_1 > p_2$。

（3）政府不征收进口关税的情况下，对国内企业进行产量补贴的补贴率高于同时进行产量补贴和征税的情形，即 $s_2 > s_1$。

（4）政府不对国内企业进行产量补贴的情况下，关税税率高于同时进行产量补贴和征收关税的情形，即 $\tau_3 > \tau_1$。

国有企业减少的产量会被国外企业和国内的民营企业所替代，但是减少的程度取决于成本差异和产业政策的选择。一方面，私有化可能会由于总产出的减少导致社会福利水平降低；但是另一方面，补贴的产量替代效应通过增加消费者剩余提高社会福利水平，同时关税收入也可以改善社会福利。特别值得注意的是，补贴政策能够将产量从国外企业转移到国内企业，产生社会福利改善的产量替代效应。不同于补贴政策的是，关税降低了行业总产量和消费者剩余。对于整个产业和消费者剩余而言，征收关税和进行产量补贴两种政策有着截然不同的效果。因此，政策 1 下的市场总产量大于政策 3 下的市场总产量，但是小于政策 2 下的市场总产量。

如上所述，在任何一种政策下，政府都需要从社会福利的角度做出最优选择。比较三种政策，本章得到了最优税率或者补贴率的排序。在政策 2 下，政府不对国外企业征收关税，补贴率高于政策 1，即政府同时进行产量补贴和征收关税，$s_2 > s_1$；在政策 3 下，政府不对国内企业进行产量补贴，关税税率同样高于政策 1，即政府同时进行产量补贴和征收关税，$\tau_3 > \tau_1$。

假如不考虑成本差异问题，韩（2012）的研究表明，最优的政策组合是国有企业完全私有化，并且同时进行产量补贴和征收关税。本章考虑成本不对称对其进行了拓展，表 8-1 的结果表明，不同政策下的最优私有化程度既不是完全私有化也不是完全国有。无论政府选择哪种政策，部分私有化都是最优策略。

同时，本章进一步比较了三种政策下的私有化程度，即民营资本的参股比例：

当且仅当 $a-c \geq (\leq) A_1$ 时，

$$\theta_1 - \theta_3 = -\frac{3\Delta_d(a-c) - (\Delta_f + 2\Delta_d)^2 - 11\Delta_d^2}{(\Delta_f + \Delta_d)(2a - 2c - 8\Delta_d)} \geq (\leq) 0 \qquad (8.8)$$

当且仅当 $a-c \geq (\leq) A_2$ 时，

$$\theta_2 - \theta_3 = -\frac{4\Delta_d(a-c) - (\Delta_f + 2\Delta_d)^2 - 15\Delta_d^2}{(\Delta_f + \Delta_d)(2a - 2c - 8\Delta_d)} \geq (\leq) 0 \qquad (8.9)$$

其中，$A_1 = -\frac{(\Delta_f + 2\Delta_d)^2}{3\Delta_d} + \frac{11}{3}\Delta_d$，$A_2 = -\frac{(\Delta_f + 2\Delta_d)^2}{4\Delta_d} + \frac{15}{4}\Delta_d$，且 $A_1 > A_2$，下标分别表示三种政策。由于存在成本差异和与政策相对应的产量替代效应，三种政策下私有化程度 θ_i 的大小取决于 $a-c$。由此，本章得到如下命题：

命题 8.3 在开放经济条件下的混合寡头市场中，国外企业进入本国市场，不同类型企业之间生产效率差异导致成本差异。三种政策两两比较，私有化程度的大小取决于市场规模和边际成本的差异：

（1）如果 $A_2 < A_1 < 5\Delta_f$，因为 $a-c > 5\Delta_f$，那么 $\theta_2 > \theta_1 > \theta_3$；

（2）如果 $a-c > A_1$，那么 $\theta_2 > \theta_1 > \theta_3$；

（3）如果 $A_1 > a-c > A_2$，那么 $\theta_2 > \theta_1 > \theta_3$；

（4）如果 $A_1 > A_2 > a-c > 5\Delta_f$，那么 $\theta_3 > \theta_2 > \theta_1$。

二、福利分析和政策选择

本章对三种政策下的消费者剩余和社会福利进行了分析，均衡结果见表 8-2。

表 8-2　　　　　　　　　　社会福利分析

政策选择	CS	SW
政策 1	$\dfrac{(3a - 3c - 2\Delta_d + \Delta_f)^2}{18}$	$\dfrac{3(a-c)^2 - 3\Delta_d(a-c) + 4\Delta_d^2 + 2\Delta_d\Delta_f + \Delta_f^2}{6}$
政策 2	$\dfrac{(2a - 2c - \Delta_d + \Delta_f)^2}{8}$	$\dfrac{4(a-c)^2 - 4\Delta_d(a-c) + 5\Delta_d^2 + 2\Delta_d\Delta_f + \Delta_f^2}{8}$
政策 3	$\dfrac{(a - c - 2\Delta_d)^2}{2}$	$\dfrac{2(a-c)^2 - 4\Delta_d(a-c) + 9\Delta_d^2 + 2\Delta_d\Delta_f + \Delta_f^2}{4}$

根据命题 8.2 不难判断三种政策下消费者剩余的排序，由 $p_3 > p_1 > p_2$，可以得到 $CS_3 < CS_1 < CS_2$，然而不能直接得到究竟哪一种政策的社会福利水平最高。根据表 8 – 2 的结果，可以得到以下结论：

$$SW_1 - SW_2 = \frac{1}{24}(\Delta_f + \Delta_d)^2 > 0 \quad (8.10)$$

当且仅当 $a - c \geqslant (\leqslant) B_1$ 时

$$SW_1 - SW_3 = \frac{1}{12}[6\Delta_d(a-c) - \Delta_f^2 - 2\Delta_f\Delta_d - (19\Delta_d)^2] \geqslant (\leqslant) 0 \quad (8.11)$$

当且仅当 $a - c \geqslant (\leqslant) B_2$ 时

$$SW_2 - SW_3 = \frac{1}{8}[4\Delta_d(a-c) - \Delta_f^2 - 2\Delta_f\Delta_d - (13\Delta_f)^2] \geqslant (\leqslant) 0 \quad (8.12)$$

其中，$B_1 = -\frac{(\Delta_f + \Delta_d)^2}{6\Delta_d} + 3\Delta_d$，$B_2 = -\frac{(\Delta_f + \Delta_d)^2}{4\Delta_d} + 3\Delta_d$，并且，$B_2 > B_1$。

由式（8.11）和式（8.12）可以发现，社会福利水平的差异取决于市场规模和边际成本的差异，即 $a - c$。如果 $B_1 < B_2 < 0$，且 $a - c > 5\Delta_f$，那么 $SW_1 > SW_2 > SW_3$；如果 $B_2 > a - c > B_1$，那么 $SW_1 > SW_3 > SW_2$；如果 $B_1 > a - c > 5\Delta_f$，那么 $SW_3 > SW_1 > SW_2$。

在开放的混合寡头市场中，由于在不完全竞争市场中存在市场势力，因而关税的社会福利特征主要体现为利润转移效应、关税收入效应以及消费者剩余效应。其中，产量补贴仅仅是将收入由政府部分地转移到企业。由于政府拥有国有企业的控制权和所有权，补贴支付最终会成为国有企业的利润。所以，国有企业和旨在最大化社会福利的政府并不关心补贴支付，而民营企业却非常关注，这样的所有权属性在包含补贴的混合寡头分析中非常普遍。不同于政策 2，政策 1 和政策 3 可以从国外企业提取租金并且获得以上三种效应。另外，对于利润提升效应，关税税率会改变国内企业和国外企业之间的效率差异水平，进而使产量从国外企业向国内企业转移，增强进口替代效应，促进国内社会福利水平的提升。

$$\frac{\partial(SW_1 - SW_2)}{\partial \Delta_f} = \frac{\partial(SW_1 - SW_2)}{\partial \Delta_d} = \frac{\Delta_d + \Delta_f}{12} > 0 \quad (8.13)$$

$$\frac{\partial|SW_1 - SW_3|}{\partial \Delta_f} = -\frac{\Delta_d + \Delta_f}{6} < 0 \quad (8.14)$$

$$\frac{\partial |SW_2 - SW_3|}{\partial \Delta_f} = -\frac{\Delta_d + \Delta_f}{4} < 0 \qquad (8.15)$$

通过式 (8.13) 的比较静态分析可以发现，技术导致的成本效益和国有企业的成本劣势差距的增加，即 $(\Delta_f - \Delta_d)$，意味着政策1和政策2之间社会福利水平差异的扩大。效率差异越大，政策1和政策2的社会福利差异越大。表8-1表明在政府的产量补贴之下，国内企业生产同质产品，而在政策2之下国外企业的产量大于政策1。对比政策1和政策2，政策1中征收关税带来了利润提升效应。由表8-1可知，如果效率差异扩大，政策2与政策1相比，均衡时有更高的国外企业产量增加率、更高的关税税率。此时，产量补贴效应和利润提升效应会造成更大的福利差异。

由式 (8.14) 和式 (8.15) 可知，国外企业具有的生产效率导致的成本优势越明显，政府对其征收的关税税率越高，利润转移效应降低了福利差异。此处，本章通过 Maple 拟合国外企业的成本效益和国有企业的成本劣势，假定 $a = 10$，且 $c = 5$，其中 $\Delta_f \geq \Delta_d$，保证最优的政策必须在可行域。通过 Maple 拟合关键性参数 Δ_f^*，可以划分出三个区域（见图8-2）。区域 I 代表 $\Delta_f^* > -\Delta_d + \sqrt{6(5-3\Delta_d)\Delta_d}$ 时，$SW_3 > SW_1 > SW_2$，即政府更倾向于选择政策3；相反地，如果 $\Delta_f^* < -\Delta_d + \sqrt{6(5-3\Delta_d)\Delta_d}$，则更倾向于区域 II 和区域 III，此时，政策1更接近政府的最优策略。

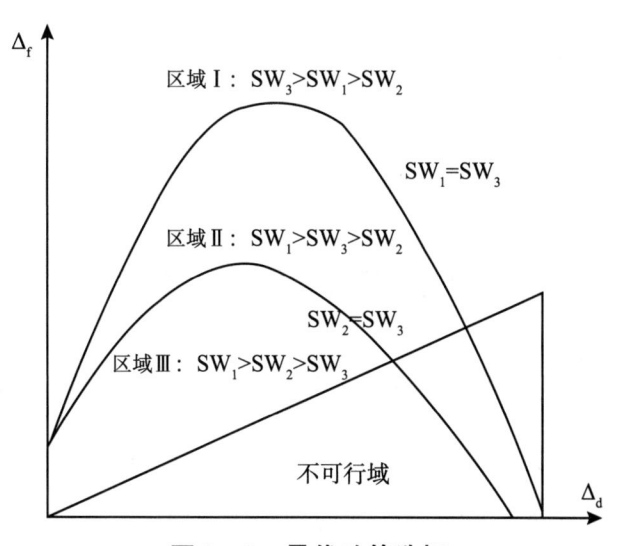

图 8-2 最优政策选择

对于所有企业参与的两阶段古诺竞争，给定了参数空间（a，c，Δ_f，Δ_d），政府可以据此选择最优的贸易和产业政策。本章的研究发现，无论是市场规模和边际成本的差异 a-c 足够大还是国外企业的成本效益 Δ_f^* 足够小，政府都会选择政策1，相反地，a-c 足够小或者 Δ_f^* 足够大的情况下，政府更倾向于选择政策3。有趣的是，政府采取只对国内企业进行产量补贴的政策，并且将国有企业部分私有化，即政策2，此时的消费者剩余最高。然而，在这种制度安排下，社会福利水平反而较低。因此，当政府寻求最优策略时，应该不会选择政策2。由此，我们得到如下命题：

命题8.4 在开放经济条件下的混合寡头市场中，国外企业进入国内市场，不同类型企业之间的生产效率不同导致成本具有差异，因此政府最优的政策取决于市场规模和边际成本的差异 a-c 以及国外企业的成本效益 Δ_f^*。

正如命题8.2所述，在市场规模和边际成本固定的条件下，相比政府只对国内企业进行产量补贴而言，政府对国外企业征收关税并且对国内企业进行产量补贴，都可以导致社会总产出减少，市场价格提高，从而实现社会福利的最大化。然而，当市场规模和边际成本的差异 a-c 足够大或者国外企业的成本效益 Δ_f^* 足够小时，政府对国内企业进行产量补贴并配合关税政策。企业之间存在较高的成本差异，会降低政府支出，从而弥补生产效率的差异。关税或补贴政策都能够将产量从国外企业转移到国内企业，产生进口替代效应。但是两种政策对市场上总产量的影响不同，同时，产量补贴需要额外的政府支出支持，而征收关税可以获得额外的政府收入。

第四节 结 论

在开放经济条件下的混合寡头市场中，国外企业进入国内市场，不同类型企业之间的生产效率差异导致成本差异。本章把产品同质性、部分私有化程度以及政策安排同时纳入政府目标选择的一般模型当中，分析了"产业、贸易政策选择"和"部分私有化"对政府不同目标选择的影响。与现有文献相比发现，在开放的混合寡头市场中,不同类型企业的生产效率差异会影响政府政策选择的效果。本章得到如下主要结论。

首先,国外企业成本优势越明显,政府给予国内企业的产量补贴越高,对国外企业设定的关税税率越高,同时政府更有动机引入民营资本进入国有企业。作为一种选择,如果国有企业的成本效益减小,政府则会提高其私有化程度并且对国外企业征收更高的关税。值得注意的是,在这种情况下,国内企业会获得较少的产量补贴。

其次,不考虑征收关税的情况下,政府对国内企业的最优补贴率往往采用高于同时进行产量补贴和征收关税的策略;而不考虑产量补贴的情况下,最优关税税率往往高于同时进行产量补贴和征收关税的策略。

再次,政府根据其政策目标,在三种政策之间进行选择,社会福利水平或私有化程度的差异取决于市场规模和边际成本。通过比较社会福利,发现政府仅对国内企业进行产量补贴并且进行国有企业私有化时的消费者剩余最高,而这种情况下的社会福利水平反而较低。2015年5月18日党中央、国务院联合发布了《关于深化国有企业改革的指导意见》,其中包括中央企业重组、国有资本运营、发展混合所有制、强化企业内部管理等若干配套方案。在国企改革"1+N"的政策体系指导下,结合世界贸易组织(WTO)补贴与反补贴规则,通过转换产业补贴方式、合理选择产业及贸易政策,支持战略产业的启动和成长。将宏观的技术政策和产业政策有机地融合起来,将产量补贴逐渐转变为企业技术创新补贴,同时为避免补助与反补助办法协定(ASCM)[①]绿灯条款的争议,逐步向支持产业研究和开发活动阶段的R&D转移,把解决基础技术和共性技术作为产业政策调整的方向之一。

本章在产品同质的混合寡头市场中讨论最优政策安排和私有化程度问题,得出了具有政策意义的结论。尽管如此,模型仍有进一步拓展的空间。本章虽然假设国有企业和民营企业、国外企业具有成本差异,但是私有化前后市场结构的变化(譬如由古诺竞争转变为斯塔克伯格竞争),以及私有化的内生性问题,也可能会产生一些有意义的结论,相关的研究有待进一步的深入。

[①] 补助与反补助办法协定(Agreement on Subsidies and Countervailing Measures,ASCM),对列国的税收优惠政策具有束缚力。

第九章
国企私有化与技术授权

第一节 引　　言

技术授权与私有化之间的关系是一个经济体中的重要议题，在这个经济体中，国有企业以福利最大化为目标但生产效率较低，民营企业追求利润最大化同时生产效率较高，两种类型企业在市场中相互竞争。民营企业的研发投资是否会影响政府对国有企业私有化水平的选择？其中特别的问题是，这种民营创新者的技术授权是否会影响混合寡头市场中的国有企业私有化政策？尽管现实生活中可以发现，企业技术升级和私有化同时存在，然而，近期关于技术授权的研究中，人们很少关注技术授权与私有化之间的关系。

将技术授权和私有化问题结合进行研究的理论性文章不多。卡托（2011）研究了私有化如何影响民营部门降低成本的投资。研究发现私有化对民营部门降低成本的影响主要取决于市场需求的大小。穆克纪和辛哈（Mukherjee and Sinha，2014）研究了混合双寡头垄断下的技术授权，并表明国有企业将继续保持完全国有化，并成为市场上唯一的供应商。作者还简要讨论了技术授权无法弥合效率差异的情况，并证实部分私有化作为均衡的可能性。牛（2015）分析了一个国外的外部创新者面临国内垄断制造商时，如何对国内垄断商进行技术授权。原口和松村（Haraguchi and Matsumura，2018）在最近的一篇论文中研究了混合三寡头模式下民营企业之间的知识转移。研究发现私有化促进了国外企业向国内企业的自愿技术转让。

在考虑市场进入的情况下，本章试图为解释技术授权如何影响混合寡头垄断下的国企私有化提供一个更好的解释视角。我们发现对民营企业的授权为私有化创造了更多的动机，而相比之下，对国有企业的授权则降低了其私有化动机。考虑到国内或国外民营企业的市场进入，这一结果是稳健的。此外，我们还研究了存在技术授权的情况下市场进入和私有化之间的关系。我们发现，市场进入对私有化的影响很大程度上取决于新进入者是国内企业还是国外企业。国内民营企业的进入促进了私有化，而国外民营企业的进入阻碍了私有化。

本章有助于理解存在技术授权和市场进入情况下的国有企业私有化，大致有以下两个主要贡献。首先，我们扩展了穆克纪和辛哈（2014）中的混合双寡头模型，研究了在一个福利最大化的国有企业和两个利润最大化的民营企业的混合寡头垄断环境下，企业之间的技术授权行为如何影响政府的私有化决策。我们的研究结果指出：（1）私有化的最佳程度永远不可能为零。（2）被授权方是国有企业还是民营企业，这是决定私有化的重要因素。其次，我们允许市场进入来检验民营企业进入市场对政府私有化政策的影响。我们发现，私有化的最佳程度关键取决于新进入者是国内企业还是国外企业。穆克纪和穆克纪（Mukherjee and Mukherjee，2005）研究了外国企业在有技术授权的情况下进入市场对国内社会福利的影响，但并未考虑私有化政策。牛（2015）研究了一家国有企业和一家外国研发机构在外国企业技术授权的情况下的国有企业私有化。据我们所知，文献中还没有涉及同时考虑外国进入和技术授权下的私有化问题。我们的研究结果为这种背景下的政府提供了关于技术授权和私有化方面的政策建议。

本章的其余部分组织如下。在本章第二节中，我们提出了混合双寡头模型，研究技术授权与私有化之间的关系，并展示了如果国内（第三节）或国外（第四节）民营企业进入市场，将如何影响技术授权和私有化之间的关系。第五节是本章结论。一些引理和命题的证明归入本章附录。

第二节　基本模型

我们考虑一个混合双寡头模型，即市场中存在一个福利最大化的国有企业（i = 0）和一个利润最大化的民营企业（i = 1）。这两家企业以古诺竞争的方式生产同质产品。市场反需求函数是 $p = a - Q$，其中 p 是市场价格，$Q = q_0 + q_1$ 是行业产出，其中 q_i 是企业 i 的产出。

在技术创新之前，民营企业的边际成本为 c，而国有企业的边际成本为 c_0。我们假设民营企业的生产效率更高，即 $c < c_0$，并且没有固定成本。民营企业拥

有一项降低成本的专利创新，可以将边际成本降低 ε，其中 $0<\varepsilon<c$。成本降低 ε 的水平假定为非剧烈的，因此企业在没有授权的情况下都会进行生产。为此，我们根据陈等（2014）的假设，$0<\varepsilon<(a-3c_0+2c)/2$ 和 $\varepsilon<c_0-c$。

我们还将技术授权引入到模型中，以了解其对私有化的影响。随着技术授权的出现，技术较差的国有企业能够应用从民营企业获得的新技术，从而可以把固定边际成本减少 ε。为了获得新技术，被授权方必须向授权方支付固定费用和每单位特许权使用费。

根据上述模型设置，我们考虑了以下三个阶段的博弈。在第一阶段，政府决定私有化水平，$0\leq\theta\leq1$，以实现社会福利的最大化。在第二阶段，企业 1 向企业 0 提供授权合同（r_0, F_0）以实现利润最大化，其中 $r_0(0\leq r_0\leq\varepsilon)$ 为每单位使用授权费，而 $F_0(\geq0)$ 为企业 0 支付的固定费用。如果授权合同使得企业的境况比没有授权时好或者没有一样好，那么企业之间就会签订授权合同。在第三阶段，企业参与古诺竞争。我们通过逆向归纳法来求解这个博弈。

一、无技术授权

为了说明授权的含义，我们首先考虑一下没有授权的情况。在这种情况下，三阶段博弈被简化为两阶段博弈。在第一阶段，政府决定私有化程度。在第二阶段，两个企业生产同质产品并在产品市场上进行古诺竞争。

在生产阶段，民营企业 1 决定 q_1 来实现利润最大化：

$$\pi_1^N = pq_1 - (c-\varepsilon)q_1$$

其中上标"N"表示"无授权"。根据松村（1998），企业 0 的目标函数是社会福利（SW）及其自身利润 π_0^N 的加权和，即

$$\Omega^N = \theta\pi_0^N + (1-\theta)SW^N \tag{9.1}$$

其中 $\pi_0^N = pq_0 - c_0q_0$，$SW^N = \dfrac{Q^2}{2} + \pi_0^N + \pi_1^N$，$\theta$ 为私有化程度。联合上面两个最优化方程可以解得第二阶段的产量为：

$$q_0^N = \frac{a+c-2c_0-\varepsilon}{1+2\theta}$$

$$q_1^N = \frac{c_0 - c + \varepsilon + (a - c + \varepsilon)\theta}{1 + 2\theta}$$

第二阶段的社会福利可以通过将上述数量纳入利润函数中获得。在第一阶段，政府决定私有化程度，$0 \leq \theta \leq 1$，以实现社会福利的最大化。通过计算得到福利最大化方程的一阶条件为：

$$\partial SW^N / \partial \theta = \frac{(a + c - 2c_0 - \varepsilon)(c_0 - c + \varepsilon - (a + 3c - 4c_0 - 3\varepsilon)\theta)}{(1 + 2\theta)^3} \quad (9.2)$$

同时，很容易可以检验得知二阶条件满足。通过设置 $\frac{\partial SW^N}{\partial \theta} = 0$，我们得到

$$\theta^N = \frac{c_0 - c + \varepsilon}{a + 3c - 3\varepsilon - 4c_0} \quad (9.3)$$

引理9.1 在没有技术授权时，我们有以下结果：（1）当 $a \leq 5c_0 - 4c + 4\varepsilon$ 时，政府选择完全私有化（$\theta = 1$）。（2）当 $a > 5c_0 - 4c + 4\varepsilon$ 时，政府选择部分私有化（$\theta = \theta^N$）。

引理9.1的直觉如下：一方面在这两个企业之间存在效率差异的情况下，私有化一方面通过将国有企业目标函数更多地转向利润最大化，从而降低了国有企业的产出，减少了消费者剩余。然而，另一方面，私有化将产出从效率较低的国有企业转移到效率较高的民营企业，从而提高了市场上的生产效率。显然，对于福利最大化的政府来说，私有化的好处随着市场规模（用 a 衡量）的减小而增加。所以，对于小市场来说，将产出重新分配给有效率的企业更有吸引力。因此，当市场规模较小时，政府选择完全私有化；当市场规模较大时，政府选择部分私有化。我们把这种没有授权的情况作为基准情况，稍后会与其他情况进行比较。

二、向国有企业提供技术授权

接下来，我们考虑企业1将其创新技术授权给国有企业。我们通过逆向归纳法来解决这个三阶段博弈。基于授权合同 (r_0, F_0)，民营企业1将选择产量来实现其利润最大化：

$$\pi_0^{L0} = pq_1 - (c - \varepsilon)q_1 + r_0 q_0 + F_0$$

其中上标"L0"表示"对企业0的授权"。对于国有企业0，它选择产量 q_0^{L0} 来最大化目标函数，即利润和社会福利的加权平均

$$\Omega^{L0} = \theta\pi_0^{L0} + (1-\theta)SW^{L0}$$

其中 $\pi_0^{L0} = pq_0 - (c_0 - \varepsilon)q_0 - (r_0q_0 + F_0)$，$SW^{L0} = Q^2/2 + \pi_0^{L0} + \pi_1^{L0}$。

第三阶段的均衡结果如下：

$$q_0^{L0} = \frac{a + c - 2c_0 + \varepsilon - 2r_0\theta}{1 + 2\theta}$$

$$q_1^{L0} = \frac{c_0 - c(1+\theta) + (a + r_0 + \varepsilon)\theta}{1 + 2\theta}$$

将均衡解代入利润函数，可以得到最后阶段的均衡结果，包括企业1的利润，企业2的目标值（即自身利润和社会福利的加权平均）。

因此，企业1在第二阶段博弈中，会选择固定费用和每单位特许权使用费来最大化自己的利润。企业1的目标函数可以表示为：

$$\max_{r_0, F_0} \pi_1^{L0} \text{ s.t. } \Omega^{L0} \geq \Omega^N$$

在我们的模型中，授权企业是具备全部的讨价还价能力的，从而能够从授权中获取每个被授权企业的全部利益。因此，授权企业会设计一个合同以最大可能获取被授权方的利润授权企业收取的固定费用被定义为 $F_0 = h(r_0)$，它是方程 $\Omega^{L0} = \Omega^N$ 的解。因此我们有：

$$h(r_0) = \frac{(\varepsilon - r_0\theta)(4c - \varepsilon + 2a(1+\theta)^2 - \theta(3r_0 + \varepsilon - 2c(3-\theta) + 5r_0\theta - 2\varepsilon\theta) - 2(3+5\theta)c_0)}{2\theta(1+2\theta)^2}$$

然后我们将 π_1^{L0} 对 r_0 进行求导，得到

$$\partial\pi_1^{L0}/\partial r_0 = \frac{\theta((a+\varepsilon)\theta - r_0(1+\theta)) - c(1+\theta(3+\theta)) + (1+3\theta)c_0}{(1+2\theta)^2} > 0$$

因此，第二阶段的最佳授权合同是 $(r_0 = \varepsilon, F_0 = h(\varepsilon))$，其中：

$$h(\varepsilon) = \frac{\varepsilon(1-\theta)(2a(1+\theta)^2 + 2c(2+(3-\theta)\theta) - \varepsilon\theta(4+3\theta) - 2(3+5\theta)c_0 - \varepsilon)}{2\theta(1+2\theta)^2}$$

在第一阶段，政府选择最优水平 θ 来最大化社会福利。我们得到一阶条件

$$\frac{\partial SW^{L0}}{\partial \theta} = \frac{(a + c - 2c_0 + 2\varepsilon)(c_0 - c - (a + 3c + 2\varepsilon - 4c_0)\theta)}{(1+2\theta)^3} \tag{9.4}$$

很容易可以得到上述最优化问题的二阶条件成立。令 $\frac{\partial SW^{L0}}{\partial \theta} = 0$，则：

$$\theta^{LO} = \frac{c_0 - c}{a + 3c + 2\varepsilon - 4c_0} \tag{9.5}$$

引理 9.2 对国有企业进行技术授权时，我们有如下结果：（1）当 $a \leqslant 5c_0 - 4c - 2\varepsilon$ 时，政府会选择完全私有化（$\theta = 1$）；（2）当 $a > 5c_0 - 4c - 2\varepsilon$ 时，政府会选择部分私有化（$\theta = \theta^{LO*}$）。

在穆克纪和辛哈（2014）的早期研究中，作者指出如果授权完全消除了国有和民营企业之间的成本不对称，那么最优私有化是 $\theta = 0$。然而，如果授权仅允许被授权人通过应用这项新技术来获得相同的成本降低量，那么由于授权后成本不对称（$c - \varepsilon$ VS. $c_0 - \varepsilon$），最优私有化永远不会为零。在没有授权的情况下，私有化的最佳程度关键取决于市场规模。从以上分析（引理（9.1）和引理（9.2）），授权改变了私有化的最佳程度，如下所述。

命题 9.1 与没有技术授权相比，对国有企业的技术授权，（1）减小了完全私有化的可能性；（2）在部分私有化时，降低了私有化水平。

命题 9.1 的直觉是非常简单的。由于通过技术授权降低成本，国有企业变得更有效率，政府将降低私有化程度（或完全私有化的可能性），以鼓励国有企业更加重视社会福利。

穆克纪和辛哈（2014）还讨论了技术授权无法消除效率差异的情况，并在私有化方面取得了相同的结果。然而，在我们的模型中，博弈的顺序是不同的。在第一阶段私有化的情况下，我们发现穆克纪和辛哈（2014）的结果在我们的基本模式中仍然有效。

第三节 国内民营企业的进入

在本节中，我们考虑一家国内民营企业的进入，有三种不同的情况：（1）无技术授权；（2）授权给国有企业；（3）授权给民营企业。假设进入的企业 2 以边际成本 c 生产产品。也就是说，现有的民营企业在创新之后成为技术领导者（$c_1 = c - \varepsilon < c$），而与混合寡头垄断中的民营企业相比，国有企业效率相对较低

($c_0 > c$)。企业 2 的利润函数可写为：

$$\pi_2^N = \pi_2^{L0} = pq_2 - cq_2 \tag{9.6}$$

$$\pi_2^{L2} = pq_2 - (c - \varepsilon)q_2 - (r_2 q_2 + F_2) \tag{9.7}$$

其中上标"L2"表示"授权给企业 2"，r_2 和 F_2 分别表示授权合同中的单位授权使用费和固定费用。对于企业 0 和企业 1，利润 π_0^N、π_0^{L0}、π_1^N 和 π_1^{L0} 在前一节中已经计算。

此外，我们有 $\pi_0^{L2} = \pi_0^N$，$\pi_1^{L2} = pq_1 - (c - \varepsilon)q_1 + r_2 q_2 + F_2$，在进入模型中有两个国内民营企业和一个国有企业。因此社会福利变为：

$$SW = Q^2/2 + \pi_0 + \pi_1 + \pi_2, \text{ 其中 } Q = q_0 + q_1 + q_2。$$

一、最优私有化分析

首先考虑企业 1 不向任何企业授权其优越技术的情况。通过与前一节中类似的计算，我们通过逆向归纳法得到以下结论。在本节中，我们使用下标"d"来表示"国内"进入的情况。

引理 9.3 随着国内民营企业的进入，在没有技术授权时，我们有以下结果：（1）当 $a \leqslant 11c_0 - 10c + 5\varepsilon$ 时，政府选择完全私有化（$\theta = 1$）；（2）当 $a > 11c_0 - 10c + 5\varepsilon$ 时，政府选择部分私有化（$\theta = \theta_d^N$）。

其中，

$$\theta_d^N = \frac{2c_0 - 2c + \varepsilon}{a + 8c - 4\varepsilon - 9c_0}。 \tag{9.8}$$

如本章第二节所述，接下来考虑民营企业 1 将其技术授权给国有企业 0 的情况。如果相比不接受授权，接受授权没有变得更糟糕，那么企业 0 接受授权。结果，企业 0 的边际成本降低到 $c_0 - \varepsilon$。通过逆向归纳得到以下结果。

引理 9.4 随着国内民营企业的进入，国有企业授权导致：（1）当 $a \leqslant 11c_0 - 10c - 7\varepsilon$ 时，完全私有化（$\theta = 1$）；（2）当 $a > 11c_0 - 10c - 7\varepsilon$ 时，部分私有化（$\theta = \theta_d^{L0}$）。

其中，

$$\theta_d^{L0} = \frac{2c_0 - 2c - \varepsilon}{a + 8c + 6\varepsilon - 9c_0} \tag{9.9}$$

授权企业 1 还可以将其技术授权给参与企业 2。在这种情况下，企业 2 的边际成本降低到 $c - \varepsilon$。与之前的授权案例类似，企业 2 必须签署一份由两部分组成的授权合同才能获得优越的技术。经过计算产生以下结果。

引理 9.5 随着国内民营企业的进入，对民营企业的技术授权导致：（1）当 $a \leq 11c_0 - 10c + 10\varepsilon$ 时，政府选择完全私有化（$\theta = 1$）；（2）当 $a > 11c_0 - 10c + 10\varepsilon$ 时，政府选择部分私有化（$\theta = \theta_d^{I2}$）。

其中，

$$\theta_d^{I2} = \frac{2(c_0 - c + \varepsilon)}{a + 8c - 8\varepsilon - 9c_0} \tag{9.10}$$

正如上述引理所示，技术授权显然改变了私有化的最优程度。接下来，我们将进行两个不同的比较，分别研究技术授权与私有化之间的关系，以及市场进入与私有化之间的关系。

二、比较与讨论

第一个比较旨在了解技术授权如何改变国企的最优私有化程度。通过比较引理 9.3～引理 9.5 中的结果，我们得到以下命题。

命题 9.2 与没有技术授权相比，对国有企业进行授权：（1）降低了完全私有化的可能性；（2）在部分私有化时，导致较低程度的私有化水平；对民营企业进行技术授权：（1）增加了完全私有化的可能性；（2）在部分私有化时，导致更高程度的私有化水平。

命题 9.2 的第一部分证实了我们在命题 9.1 中得到的结果的稳健性。也就是说，对国有企业的授权降低了私有化动机。然而，由于民营企业通过技术授权降低成本变得更有效率，政府将偏向于将低效国有企业的产出转移到高效的民营企业上。换句话说，私营企业之间的技术授权将导致更高的私有化动机。

第二个比较是在第二节和第三节之间进行的，以了解国内私营企业的进入如何改变最优私有化程度。

命题 9.3 国内民营企业的进入（1）增加完全私有化的可能性；（2）在部分私有化下导致更高程度的私有化水平。

上述结果的原因如下。进入一个相对有效的国内民营企业会带来两个社会福利的好处。首先，它增加了竞争，从而使消费者受益；其次，由此造成的产出转移提高了经济中的生产效率。因此，政府将更倾向于将国有企业私有化来实现社会福利最大化。

第四节 国外民营企业的进入

穆克纪和穆克纪（2005）研究了在外国竞争的私有双寡头模型中技术授权的福利含义。在本节中，我们提出了一个混合寡头垄断与外国竞争的模型。我们的重点是分析技术授权在外国企业进入的情况下如何影响私有化。我们将基准模型调整如下：参与企业 2 以边际成本 c 生产并将其产品出口。为了关注授权对私有化的作用，我们假设没有运输成本和（或）关税。类似情景下所有企业的利润在第三节中计算。国内进入和国外进入之间的一个本质区别在于社会福利的构成。在本节中，社会福利计算如下：

$$SW = \frac{Q^2}{2} + \pi_0 + \pi_1，其中，Q = q_0 + q_1 + q_2$$

接下来，我们分析三种不同的情景：（1）没有授权；（2）对国有企业的授权；（3）对国外民营企业的授权。

一、最优私有化分析

我们首先考虑一个国外民营企业进入市场，但是不存在技术授权。通过前面小节中的分析，可以得到以下结果。在本节中，我们使用下标"f"来表示"国外"进入的情况。

引理9.6 随着国外民营企业的进入，在没有技术授权时：（1）当 $a \leq 3c_0 - 2c + 7\varepsilon/3$ 时，政府选择完全私有化（$\theta = 1$）；（2）当 $a > 3c_0 - 2c + 7\varepsilon/3$ 时，政

府选择部分私有化（$\theta = \theta_f^N$）。

其中，

$$\theta_f^N = \frac{3c_0 - 3c + 2\varepsilon}{3a + 3c - 5\varepsilon - 6c_0} \tag{9.11}$$

接下来考虑民营企业 1 向国有企业 0 授权其技术的情况。在授权之后，企业 0 的边际成本降低到 $c_0 - \varepsilon$。标准反向归纳得到以下结果。

引理 9.7 随着国外民营企业的进入，对国有企业技术授权导致：（1）当 $a \leqslant 3c_0 - 2c + 5\varepsilon/3$ 时，政府选择完全私有化（$\theta = 1$）；（2）当 $a > 3c_0 - 2c + 5\varepsilon/3$ 时，政府选择部分私有化（$\theta = \theta_f^{L0}$）。

其中，

$$\theta_f^{L0} = \frac{3c_0 - 3c - \varepsilon}{3\alpha + 3c + 4\varepsilon - 6c_0} \tag{9.12}$$

由于参与者是技术上较低级的外国企业，授权企业 1 也可以将其新技术授权给外国参与企业。授权后，企业 2 的边际成本降低到 $c - \varepsilon$。经过计算产生以下结果。

引理 9.8 随着国外民营企业的进入，对民营企业授权导致：（1）当 $a \leqslant 3c_0 - 2c + 11\varepsilon/3$ 时，政府选择完全私有化（$\theta = 1$）；（2）当 $a > 3c_0 - 2c + 11\varepsilon/3$ 时，政府选择部分私有化（$\theta = \theta_f^{L2}$）。

其中，

$$\theta_f^{L2} = \frac{3c_0 - 3c + 4\varepsilon}{3a + 3c - 7\varepsilon - 6c_0} \tag{9.13}$$

上述引理总结了混合寡头模型中最优私有化的选择，以及一家国有企业、一家国内民营企业和一家国外民营企业之间的竞争分析结果。

二、比较与讨论

在本节中，我们同样进行两个比较。第一个比较旨在了解存在国外竞争时，技术授权如何改变混合寡头中的最优私有化程度。

命题 9.4 与没有技术授权相比，对国有企业的授权：（1）降低了完全私有化的可能性，（2）在部分私有化下导致较低程度的私有化水平；而对民营企业的授权:(1)增加了完全私有化的可能性;(2)在部分私有化下导致更高程度的私有化水平。

命题9.2和命题9.4意味着,对国有企业的授权减少了私有化,而对私有企业的授权增加了私有化,无论进入者是国内企业还是国外企业。私有化程度的提高对国内福利产生了两种相反的影响。首先,它使国有企业不再关注消费者剩余,从而降低了行业产出,我们称之为减少福利的效果。其次,它产生了相反的福利改善效果:通过战略互动,无效的国有企业到有效的民营企业的产出分配提高了市场的生产效率,无论进入者是国内企业还是国外企业。随着民营企业变得更有效率,福利改善效应主导了减少福利的效果。因此,政府将支持更高程度的私有化。否则,最优私有化程度会降低。

命题9.5 国外民营企业的进入:(1)降低了完全私有化的可能性;(2)在部分私有化下导致较低程度的私有化。

这一结果与命题9.3中得出的结果形成鲜明对比,关键原因是国外企业的利润被排除在社会福利之外。虽然国外企业的进入增加了行业总产出,改善了消费者剩余,但国内私营企业的利润率和产量都大幅下降。结果,国内企业利润的损失超过了消费者剩余的增加,导致社会福利减少,从而导致政府降低私有化程度。

第五节 结 论

尽管现实生活中企业技术升级和私有化现象同时存在,但有关技术授权的文献研究却较少关注技术授权与私有化之间的关系。本章试图结合企业市场进入来更好地理解技术授权如何影响混合寡头市场中国有企业的私有化。

本章得到的结论如下:(1)无论进入者是国内企业还是国外企业,对私营企业的授权均提高了国企私有化动机。相比之下,对国有企业的授权减少了私有化动机;(2)市场进入对私有化的影响在很大程度上取决于新进入者是国内的还是国外的企业。国内私营企业的进入促进了私有化,而国外私营企业的进入则阻碍了私有化。当市场存在国内或外国企业进入行为时，本章对于技术授权与私有化的相关研究结论具有重要的政策意涵。

在本章，为了关注技术授权对最优私有化的影响，我们做了一个简化的假设：即技术授权是外生的而不是内生决定的。从某种意义上说，我们的分析是从政府的角度进行的：当创新的民营企业选择不同的授权对象时，应该如何对国企进行私有化？国内或国外民营企业的进入如何影响这一决定？在以后的研究中，一个自然而然的扩展就是内生化技术授权的选择，即是否将新技术授权给国有企业，民营企业，还是两者，进而研究政府的私有化政策。

此外，如多数文献中那样，本章假设线性的反需求函数。当面临一个一般的反需求函数时，本章的结果不会发生本质上的变化：对国有企业授权会阻碍私有化，而对民营企业的授权会促进私有化。其原因与线性需求模型的原因相同。一方面，一旦国有企业获得降低其边际成本的新技术，政府更希望这个高效的国有企业关注社会福利，从而会降低私有化程度。另一方面，如果另一家民营企业的生产效率提高，政府往往会增加私有化，以创造改善福利的生产转移。

最后，我们的分析并没有考虑产业和贸易政策的影响。随着全球私有化浪潮和 WTO 推动的开放政策，各国政府都相继采取贸易自由化政策，降低关税，同时将国内国有企业私有化，加强国内市场竞争（Wang et al.，2014）。之后，也可以在我们的模型中引入产业和贸易政策来进行进一步的研究。

本 章 附 录

引理 9.1 的证明：

从式（9.2）得出，当 $a \leq 5c_0 - 4c + 4\varepsilon$ 时，$\partial SW^N / \partial \theta \geq 0$。因此，在这种情况下，最优私有化程度是 $\theta = 1$。否则，最优私有化程度是式（9.3）中的 θ^N，其中 $0 < \theta^N < 1$。

引理 9.2 的证明：

从式（9.4）得出，当 $a \leq 5c_0 - 4c - 2\varepsilon$ 时，$\partial SW^{LO} / \partial \theta \geq 0$。因此，最优私有化程度是 $\theta = 1$。否则，最优私有化程度是（9.5）中的 θ^{LO}，其中 $0 < \theta^{LO} < 1$。

命题 9.1 的证明：

显然，完全私有化的范围在国有企业的授权下会缩小。此外，我们有 $\theta^{LO} < \theta^N$。

引理 9.3 的证明：

在这种情况，$\pi_0 = (a - q_0 - q_1 - q_2 - c_0) q_0$，$\pi_1 = (a - q_0 - q_1 - q_2 - c + \varepsilon) q_1$，$\pi_2 = (a - q_0 - q_1 - q_2 - c) q_2$，且 $SW = \pi_0 + \pi_1 + \pi_2 + Q^2 / 2$。在最后阶段，相对于 q_0，企业 0 最大化社会福利及其利润的加权平均值，而相对于 q_1 和 q_2，企业 1 和企业 2 分别最大化自己的利润。最后阶段的标准结果是：$q_0^N = \dfrac{a + 2c - 3c_0 - \varepsilon}{1 + 3\theta}$，$q_1^N = \dfrac{c_0 - c + \varepsilon + (a - c + 2\varepsilon)\theta}{1 + 3\theta}$，$q_2^N = \dfrac{c_0 - c + (a - c - \varepsilon)\theta}{1 + 3\theta}$。

在第一阶段，政府决定私有化水平 $0 < \theta < 1$，以实现社会福利的最大化。简单的计算得出以下一阶条件：$\dfrac{\partial SW^N}{\partial \theta} = \dfrac{(a + 2c - 3c_0 - \varepsilon)(2c_0 - 2c + \varepsilon - (a + 8c - 4\varepsilon - 9c_0)\theta)}{(1 + 3\theta)^3}$。接着，当 $a \leq 11c_0 - 10c + 5\varepsilon$ 时，$\partial SW^N / \partial \theta \geq 0$。因此，在这种情况下，私有化的最佳状态是 $\theta = 1$。否则，通过设定 $\dfrac{\partial SW^N}{\partial \theta} = 0$，我们得到：$\theta_d^N = \dfrac{2c_0 - 2c + \varepsilon}{a + 8c - 4\varepsilon - 9c_0}$，满足最大化的二阶条件。

引理 9.4 的证明：

在这种情况，$\pi_0 = (a - q_0 - q_1 - q_2 - c_0 + \varepsilon - r_0)q_0 - F_0$，$\pi_1 = (a - q_0 - q_1 - q_2 - c + \varepsilon)q_1 + r_0 q_0 + F_0$，$\pi_2 = (a - q_0 - q_1 - q_2 - c)q_2$，且 $SW = \pi_0 + \pi_1 + \pi_2 + Q^2/2$。企业 0 相对于 q_0^{L0} 最大化 $\Omega = \theta \pi_0 + (1-\theta)SW$，而民营企业分别相对于 q_1^{L0} 和 q_2^{L0} 最大化自己的利润 π_1^{L0} 和 π_2^{L0}。第三阶段的标准结果是 $q_0^{L0} = \dfrac{a + 2c - 3c_0 + 2\varepsilon - 3r_0\theta}{1 + 3\theta}$，

$q_1^{L0} = \dfrac{c_0 - c + (a - c + r_0 + 2\varepsilon)\theta}{1 + 3\theta}$，$q_2^{L0} = \dfrac{c_0 - c - \varepsilon + (a - c - \varepsilon + r_0)\theta}{1 + 3\theta}$。

将均衡量代入利润函数，第二阶段博弈中企业 1 的目标函数可表示如下：$\max_{r_0 F_0} \pi_1^{L0}$，s.t. $\Omega^{L0} \geq \Omega^N$。因此，授权人企业收取的固定费用定义为 $F_0 = h(r_0)$，它解决了 $\Omega^{L0} = \Omega^N$。然后我们将 π_1^{L0} 与 τ_0 区分开来，得到：$\dfrac{\partial \pi_1^{L0}}{\partial \tau_0} = \dfrac{2c_0 - 2c - \varepsilon + \varepsilon\theta - \tau\theta}{1 + 3\theta} > 0$。因此，第二阶段的最优授权为 $(r_0 = \varepsilon, F_0 = h(\varepsilon))$，而

$$h(\varepsilon) = \dfrac{\varepsilon(1-\theta)(8c + \varepsilon + 2a(1+\theta)(1+2\theta) - \theta(\varepsilon(2+11\theta) - 4c(5-\theta)) - 2(5+13\theta)c_0)}{2\theta(1+3\theta)^2}$$

在第一阶段，政府选择优化水平 θ 以最大化社会福利。我们可以计算得到：$\dfrac{\partial SW^{L0}}{\partial \theta} = \dfrac{(a + 2c - 3c_0 + 3\varepsilon)(2c_0 - 2c - \varepsilon - (a + 8c + 6\varepsilon - 9c_0)\theta)}{(1+3\theta)^3}$。且有二阶条件成立。接着，当 $a \leq 11c_0 - 10c - 7\varepsilon$ 时，$\partial SW^{L0}/\partial \theta \geq 0$。因此，$\theta = 1$。否则，通过设定 $\dfrac{\partial SW^{L0}}{\partial \theta} = 0$，我们得到：$\theta_d^{L0} = \dfrac{2c_0 - 2c - \varepsilon}{a + 8c + 6\varepsilon - 9c_0}$。

引理 9.5 的证明：

在这种情况，$\pi_0 = (a - q_0 - q_1 - q_2 - c_0)q_0$，$\pi_1 = (a - q_0 - q_1 - q_2 - c + \varepsilon)q_1 + r_2 q_2 + F_2$，$\pi_2 = (a - q_0 - q_1 - q_2 - c + \varepsilon - r_2)q_2 - F_2$，且 $SW = \pi_0 + \pi_1 + \pi_2 + Q^2/2$。类似地，我们获得第三阶段的标准结果是 $q_0^{L2} = \dfrac{a + 2c - 3c_0 - 2\varepsilon + r_2}{1 + 3\theta}$，

$q_1^{L2} = \dfrac{c_0 - c + \varepsilon + (a - c + r_2 + \varepsilon)\theta}{1 + 3\theta}$，$q_2^{L2} = \dfrac{c_0 - c - r_2 + \varepsilon + (a - c - 2r_2 + \varepsilon)\theta}{1 + 3\theta}$。

将均衡量代入利润函数，第二阶段博弈中企业 1 的目标函数可表示如下：$\max_{r_2 F_2} \pi_1^{L2}$，s.t. $\pi^{L2} \geq \pi^N$。

因此，授权人企业收取的固定费用定义为 $F_2 = h(r_2)$，它解决了 $\pi^{L2} = \pi^N$。然后

我们将 π_1^{I2} 与 r_2 区分开来,得到:$\dfrac{\partial \pi_1^{I2}}{\partial r_2} = \dfrac{c - c_0 - \varepsilon - (a - c_0 + 2r_2)\theta + (a - c - 2r_2 + \varepsilon)\theta^2}{(1 + 3\theta)^2} < 0$,意味着 $r_2 = 0$。因此最优授权变为固定费用授权 $F_2 = h(r_2 = 0) = \dfrac{\varepsilon(1 + 2\theta)(\varepsilon + 2a\theta - 2c(1 + \theta) + 2c_0)}{(1 + 3\theta)^2}$。

在第一阶段,政府选择优化水平 θ 以最大化社会福利。一阶条件计算如下:$\dfrac{\partial SW^{I2}}{\partial \theta} = \dfrac{(a + 2c - 3c_0 - 2\varepsilon)(2c_0 - 2c + 2\varepsilon - (a + 8c - 8\varepsilon - 9c_0)\theta)}{(1 + 3\theta)^3}$。满足二阶条件,当 $a \le 11c_0 - 10c + 10\varepsilon$ 时,$\partial SW^{I2}/\partial \theta \ge 0$。因此,$\theta = 1$。否则,通过设定 $\dfrac{\partial SW^{I0}}{\partial \theta} = 0$,我们得到:$\theta_d^{I2} = \dfrac{2(c_0 - c + \varepsilon)}{\alpha + 8c - 8\varepsilon - 9c_0}$。

命题 9.2 的证明:

显然,完全私有化的范围在国有企业的授权下缩小,但在民营企业的授权下扩大。此外,我们在简单计算后得到 $\theta_d^{I0} < \theta_d^N < \theta_d^{I2}$。

命题 9.3 的证明:

我们首先来看本章第二节和第三节中的两个没有授权的案例。显然,$5c_0 - 4c + 4\varepsilon < 11c_0 - 10c + 5\varepsilon$,这意味着完全私有化的范围随着国内民营企业的进入而扩大。此外,简单的计算导致 $\theta_d^N > Q^N$。也就是说,进入激励了没有授权的更高的私有化。

如果企业 1 向国有企业 0 授权,那么完全私有化的范围随着国内民营企业的进入而扩大,因为 $5c_0 - 4c - 2\varepsilon < 11c_0 - 10c - 7\varepsilon$。此外,简单的计算导致 $\theta_d^{I0} > \theta^{I0}$,这意味着进入后私有化程度更高。显然,对民营企业的授权进一步推动了私有化。

引理 9.6 的证明:

在这种情况,$\pi_0 = (a - q_0 - q_1 - q_2 - c_0)q_0$,$\pi_1 = (a - q_0 - q_1 - q_2 - c + \varepsilon)q_1$,$\pi_2 = (a - q_0 - q_1 - q_2 - c)q_2$,且 $SW = \pi_0 + \pi_1 + Q^2/2$。对于国有企业而言,其目标是实现最大化 $\Omega = \theta\pi_0 + (1 - \theta)SW$。最后阶段的标准结果是:$q_0^N = \dfrac{2a + c - 2\varepsilon - (a - c - \varepsilon)\theta - 3c_0}{2(1 + \theta)}$,$q_1^N = \dfrac{2\varepsilon + (a + \varepsilon)\theta - c(1 + \theta) + c_0}{2(1 + \theta)}$,$q_2^N = \dfrac{c_0 - c + a\theta - (c + \varepsilon)\theta}{2(1 + \theta)}$。

在第一阶段，政府决定私有化的程度。简单计算得到以下一阶条件：$\frac{\partial SW^N}{\partial \theta} = \frac{(a-c_0-\varepsilon)(3c_0-3c+2\varepsilon-(3a+3c-5\varepsilon-6c_0)\theta)}{4(1+\theta)^3}$。当 $a \leq 3c_0 - 3c + 7\varepsilon/3$ 时，$\partial SW^N/\partial \theta \geq 0$。因此，私有化的最佳状态是 $\theta = 1$。否则，通过设定 $\frac{\partial SW^N}{\partial \theta} = 0$，我们得到：$\theta_f^N = \frac{3c_0 - 3c + 2\varepsilon}{3\alpha + 3c - 5\varepsilon - 6c_0}$，满足最大化的二阶条件。

引理9.7 的证明：

在这种情况，$\pi_0 = (a - q_0 - q_1 - q_2 - c_0 + \varepsilon - r_0)q_0 - F_0$，$\pi_1 = (a - q_0 - q_1 - q_2 - c + \varepsilon)q_1 + r_0 q_0 + F_0$，$\pi_2 = (a - q_0 - q_1 - q_2 - c)q_2$，且 $SW = \pi_0 + \pi_1 + Q^2/2$。对于国有企业而言，其目标是实现最大化 $\Omega = \theta\pi_0 + (1-\theta)SW$。第三阶段的标准结果是

$q_0^{L0} = \frac{2a + c + \varepsilon - 3c_0(a - c + 3r_0 - \varepsilon)\theta}{2(1+\theta)}$，$q_1^{L0} = \frac{c_0 - c(1+\theta) + \varepsilon + (a + r_0 + \varepsilon)\theta}{2(1+\theta)}$，

$q_2^{L0} = \frac{c_0 - (c+\varepsilon)(1+\theta) + (a+r_0)\theta}{2(1+\theta)}$。

接着，可以获得第二阶段的最优授权：$(r_0 = \varepsilon, F_0 = h(\varepsilon))$，其中选择 $h(\varepsilon) = \frac{\varepsilon(1-\theta)(2a(4-\theta) - 3\varepsilon(1+\theta) + 2c(5+\theta) - 18c_0)}{8\theta(1+\theta)}$ 来从国有企业中提取利润，使得 $\Omega^{L0} = \Omega^N$。

在第一阶段，政府最大化社会福利来确定为 θ。我们可以计算得到：$\frac{\partial SW^{L0}}{\partial \theta} = \frac{(a-c_0+\varepsilon)(3c_0 - 3c - \varepsilon - (3a+3c+4\varepsilon-6c_0)\theta)}{4(1+\theta)^3}$，二阶条件自动成立。当 $a \leq 3c_0 - 2c - 5\varepsilon/3$ 时，$\partial SW^{L0}/\partial \theta \geq 0$。因此，$\theta = 1$。否则，通过设定 $\frac{\partial SW^{L0}}{\partial \theta} = 0$，我们得到：$\theta_f^{L0} = \frac{3c_0 - 3c - \varepsilon}{3a + 3c + 4\varepsilon - 6c_0}$。

引理9.8 的证明：

在这种情况，$\pi_0 = (a - q_0 - q_1 - q_2 - c_0)q_0$，$\pi_1 = (a - q_0 - q_1 - q_2 - c + \varepsilon)q_1 + r_2 q_2 + F_2$，$\pi_2 = (a - q_0 - q_1 - q_2 - c + \varepsilon - r_2)q_2 - F_2$，且 $SW = \pi_0 + \pi_1 + Q^2/2$。我们获得第三阶段的标准结果是 $q_0^{L2} = \frac{2a + c - 3c_0 - r_2 - \varepsilon - (a - c - 2r_2 + \varepsilon)\theta}{2(1+\theta)}$，$q_1^{L2} = $

$$\frac{c_0 - c(1+\theta) + r_2 + \varepsilon + (a+\varepsilon)\theta}{2(1+\theta)}, \quad q_2^{L2} = \frac{c_0 - c(1+\theta) - r_2 + \varepsilon + (a - 2r_2 + \varepsilon)\theta}{2(1+\theta)}。$$

接着，可以获得第二阶段的最优授权：（$r_2 = \varepsilon$，$F_2 = 0$），在这种情况下，两部分关税变为单位特许权使用费。在第一阶段，社会福利最大化的一阶条件可以计算为：$\frac{\partial SW^{L2}}{\partial \theta} = \frac{(a - c_0 - \varepsilon)(3c_0 - 3c + 4\varepsilon - (3a + 3c - 7\varepsilon - 6c_0)\theta)}{4(1+\theta)^3}$，且满足二阶条件。当 $a \leqslant 3c_0 - 2c + 11\varepsilon/3$ 时，$\partial SW^{L2}/\partial \theta \geqslant 0$。因此，$\theta = 1$。否则，通过设定 $\frac{\partial SW^{L2}}{\partial \theta} = 0$，我们得到：$\theta_f^{L2} = \frac{3c_0 - 3c + 4\varepsilon}{3a + 3c - 7\varepsilon - 6c_0}$。

命题 9.4 的证明：

显然，完全私有化的范围在国有企业的授权下缩小，但在民营企业的授权下扩大。此外，我们在简单计算后得到 $\theta_f^{L0} < \theta_f^{N} < \theta_f^{L2}$。

命题 9.5 的证明：

我们首先来看第二节和第三节中的两个没有授权的案例。显然，$3c_0 - 2c + 7\varepsilon/3 < 5c_0 - 4c + 4\varepsilon$，这意味着完全私有化的范围随着国外民营企业的进入而缩小此外，简单的计算导出 $\theta_f^N < Q^N$。也就是说，在没有授权的情况下，进入导致私有化程度降低。

如果企业 1 向国有企业 0 授权，那么完全私有化的范围随着国外民营企业的进入而缩小，因为 $3c_0 - 2c - 5\varepsilon/3 < 5c_0 - 4c - 2\varepsilon$。此外，简单的计算导致 $\theta_f^{L0} < \theta^{L0}$，这意味着进入后私有化程度降低。

第十章
交叉持股、预算约束与国企私有化

虑了基本模型中存在或不存在预算约束的情形。第五节提供了福利分析。第六节给出了结论。

第二节 基 本 模 型

我们考虑在一个混合寡头市场中，有一家国有企业（企业 0），n 家持有国有企业股份的民营企业（企业 i，交叉持股企业），以及其他 m 家民营企业（企业 j，非交叉持股企业）。所有企业都生产同质产品并进行古诺竞争。假设代表性消费者的效用由以下二次函数给定

$$U = q_0 + \sum_{i=1}^{n} q_i + \sum_{j=1}^{m} q_j - \frac{\left(q_0 + \sum_{i=1}^{n} q_i + \sum_{j=1}^{m} q_j\right)^2}{2} \quad (10.1)$$

其中 q_k 表示企业 $k = 0$, i 和 j 时的企业产出，因此，反向需求函数为

$$p = 1 - \left(q_0 + \sum_{i=1}^{n} q_i + \sum_{j=1}^{m} q_j\right) \quad (10.2)$$

其中，p 是市场价格，$Q = q_0 + \sum_{i=1}^{n} q_i + \sum_{j=1}^{m} q_j$ 是总产出。企业的成本函数为：$C(q_0) = \frac{g q_0^2}{2} + f_0$，$C(q_i) = \frac{q_i^2}{2} + f_i$ 和 $C(q_j) = \frac{q_j^2}{2} + f_j$。劳动是所有企业的共同投入，g 是为技术低效率的国有企业设定的参数。与王和陈（2010）一样，我们假设 $g > 1$，f_0、f_i 和 f_j 是不同类型企业的固定成本，企业各自的利润函数如下：

$$\pi_0 = p q_0 - \frac{g q_0^2}{2} - f_0$$

$$\pi_i = p q_i - \frac{q_i^2}{2} - f_i + \frac{\alpha \pi_0}{n} - M \quad (10.3)$$

$$\pi_j = p q_j - \frac{q_j^2}{2} - f_j$$

我们进一步假设这 n 家民营企业平均分配国有企业 α 的股票，并支付固定费用 M。由于持有国有企业的股份，这 n 家民营企业会关注国有企业的盈利能

力。在本章中，$g(\alpha)$ 是持有股份的减函数，表示国有企业私有化后政府的影响。不失一般性，与穆克纪等（2012）相似，本章假设 $1 < g < 2$，令 $g(\alpha) = 2 - \alpha$。在不考虑企业内生数量的情况下，我们进一步假设 $f_0 > f_i = f_j = 0$。

社会福利是消费者剩余，企业总利润和固定费用的和：

$$SW = CS + (1 - \alpha)\pi_0 + \sum_{i=1}^{n} \pi_i + \sum_{j=1}^{m} \pi_j + \sum_{i=1}^{n} M \qquad (10.4)$$

在这里，消费者剩余 $CS = U - p(q_0 + \sum_{i=1}^{n} q_i + \sum_{j=1}^{m} q_j)$，其中 $\sum_{i=1}^{n} M = \alpha \pi_0^e$。

在本章中，我们考虑如下两阶段博弈：在第一阶段，政府决定国有企业的私有化水平；在第二阶段，所有企业同时且独立的决定产出。本章使用逆向归纳法得到子博弈完美纳什均衡（SPNE）。

第三节 无预算约束

一、第二阶段：选择产量

国有企业最大社会福利和自利润的加权平均：

$$\max_{q_0} H = \alpha \pi_0 + (1 - \alpha)SW$$

这个最优化问题的一阶条件是：

$$\frac{\partial H}{\partial q_0} = (1 - q_0 - \sum_{i=1}^{n} q_i - \sum_{j=1}^{m} q_j) - \alpha q_0 - (2 - \alpha)q_0 = 0 \qquad (10.5)$$

民营企业选择产量来最大化自己的利润，我们可以求得民营企业的一阶条件为：

$$\frac{\partial \pi_i}{\partial q_i} = (1 - q_0 - 2q_i - \sum_{-i=1}^{n-1} q_{-i} - \sum_{j=1}^{m} q_j) - q_i - \frac{\alpha}{n} q_0 = 0 \qquad (10.6)$$

$$\frac{\partial \pi_j}{\partial q_j} = (1 - q_0 - \sum_{i=1}^{n} q_i - 2q_j - \sum_{-j=1}^{m-1} q_{-j}) - q_j = 0 \qquad (10.7)$$

求解式（10.5）、式（10.6）、式（10.7）中的一阶条件，我们可以得到：

$$q_0 = \frac{2}{2(3+m+n)-\alpha}$$

$$q_i = \frac{2n-\alpha}{2n(3+m+n)-n\alpha} \qquad (10.8)$$

$$q_j = \frac{2}{2(3+m+n)-\alpha}$$

引理 10.1 当私有化程度随着交叉持股和生产率的提高而增加时，私有化企业和非交叉持股企业的产出增加，但交叉持股企业的产出和行业总产出减少。

松村（1998）研究的结论是，混合双寡头模型中，在没有预算约束、交叉持股和生产率提高的情况下，部分私有化是最优策略。他的研究体现了有两种效应：一种是产出替代效应，另一种是福利增强效应。然而这个众所周知的结论需要进一步完善。在本章的模型中，如果某一企业持有国有企业的股份，在这个持股企业做决策的时候，它会考虑到在国有企业的股份的分红。一方面，部分私有化企业的产出与交叉持股和生产率提高极为相关，随着私有化程度的增加，私有化企业的产量会提高。因此，福利增强效果会变得更强。另一方面，交叉持股企业将不采取激进的生产措施，产量会随私有化程度减少，使民营企业重新分配资源和扩大生产的产出替代效应会在交叉持股的存在时变弱。

二、第一阶段：选择私有化水平

令 $\sum_{i=1}^{n} M = \alpha \pi_0^e = \alpha \pi_0^s$，由此得到社会福利：

$$SW = \frac{4n(3+m^2+n(5+n)+m(5+2n))-4(1+m+n)\alpha+(n-1)\alpha^2}{2n(-2(3+m+n)+\alpha)^2} - f_0$$

经过计算可得，最大化社会福利的一阶条件满足

$$\frac{\partial SW}{\partial \alpha} = \frac{4n^2+2m(2n-\alpha)+2(n-3)\alpha}{n(2(3+m+n)-\alpha)^3} > 0 \qquad (10.9)$$

显然，政府希望民营企业拥有国有企业的大部分股份，以实现社会福利的最大化。在没有对国有企业施加预算限制的情况下，最优政策是 $\alpha^* = 1$ 的完全私有化。

命题 10.1 当交叉持股的存在有利于提高国有企业生产效率低下的问题时，若没有预算约束，最优私有化政策是完全私有化。

由引理 10.1 可以得知命题 10.1 的经济含义。在我们的广义模型设置中，没有限制性预算约束（盈亏平衡约束）的情况下，福利增强效应很强，且整个行业总产出的减少是由更弱的产出替代效应带来的。因此，由于交叉持股和相关的生产力提高，政府应该完全私有化其国有企业。

没有预算约束时，SPNE 如下：

$$\alpha^N = 1, \quad q_0^N = \frac{2}{5+2m+2n}, \quad q_i^N = \frac{2n-1}{n(5+2m+2n)}, \quad q_j^N = \frac{2}{5+2m+2n}$$

$$Q^N = \frac{1+2m+2n}{5+2m+2n}, \quad p^N = \frac{4}{5+2m+2n}, \quad \pi_0^N = \frac{6}{(5+2m+2n)^2} - f_0$$

$$\pi_i^N = \frac{(2n-1)(6n+1)}{2n^2(5+2m+2n)^2}, \quad \pi_j^N = \frac{6}{(5+2m+2n)^2} \tag{10.10}$$

$$CS^N = \frac{(1+2m+2n)^2}{2(5+2m+2n)^2}, \quad SW^N = \frac{n(9+4m^2+8m(2+n)+4n(4+n))-1}{2n(5+2m+2n)^2} - f_0$$

其中上标 N 表示没有预算约束的均衡。

第四节 存在预算约束

在本节中，我们将研究预算约束在上述模型中的政策含义。

一、第二阶段：选择产量

存在预算约束时国有企业的最大化问题是：

$$\max_{q_0} H = \alpha \pi_0 + (1-\alpha) SW$$

$$\text{s. t. } \pi_0 \geq 0$$

我们用 μ 表示预算约束乘数，可以得到拉格朗日方程为 $L = H + \mu \pi_0$。经过计算可以得到 Kuhn – Tucker 条件为：

$$q_0 \frac{\partial L}{\partial q_0} = q_0\left((1+\mu)\left(1 - q_0 - \sum_{i=1}^{n} q_i - \sum_{j=1}^{m} q_j - (2-\alpha)q_0\right) - (\mu+\alpha)q_0\right) = 0 \quad (10.11)$$

$$\mu \frac{\partial L}{\partial \mu} = \mu\left(q_0\left(1 - \sum_{i=1}^{n} q_i - \sum_{j=1}^{m} q_j\right) - \frac{1}{2}(4-\alpha)q_0^2 - f_0\right) = 0 \quad (10.12)$$

从式（10.10），我们可得，当 $f_0 > \frac{2(2+\alpha)}{(\alpha - 2(3+m+n))^2}$ 时，$\pi_0 < 0$。也就是说，当 f_0 充分大，预算约束是具有约束力的（$\mu > 0$）。

由民营企业的目标函数，可以得到民营企业利润最大化时的一阶条件：

$$\frac{\partial \pi_i}{\partial q_i} = \left(1 - q_0 - 2q_i - \sum_{-i=1}^{n-1} q_{-i} - \sum_{j=1}^{m} q_j\right) - q_i - \frac{\alpha}{n}q_0 = 0 \quad (10.13)$$

$$\frac{\partial \pi_i}{\partial q_j} = \left(1 - q_0 - \sum_{i=1}^{n} q_i - 2q_j - \sum_{-j=1}^{m-1} q_{-j}\right) - q_j = 0 \quad (10.14)$$

联合求解上述一阶条件式（10.11）、式（10.12）、式（10.13）和（10.14），可得：

$$q_0 = \frac{2 + \sqrt{H}}{(4+m+n)(2-\alpha)}$$

$$q_i = \frac{2n^2(2-\alpha) - (2+m)(2+\sqrt{H})\alpha + 2n(6+m(2-\alpha) - 4\alpha - \sqrt{H})}{2n(2+m+n)(4+m+n)(2-\alpha)}$$

(10.15)

$$q_j = \frac{2(3+m+n) - \sqrt{H}}{2(2+m+n)(4+m+n)}$$

其中，$H = 4 - 2f_0(2+m+n)(4+m+n)(2-\alpha)$。对（10.15）式关于 α 求微分，我们得到下述引理。

引理 10.2 如果政府施加预算约束，并且当私有化程度越来越多地与交叉持股和生产率提高相关联时，私有化企业的产出和行业的总产出会增加，但交叉持股企业和非交叉持股企业产出会减少。

如果政府施加预算约束，私有化企业的产出就会被限制在零利润水平，并且会成为市场领导者。因此，交叉持股企业和非交叉持股企业用生产更多产品来提高利润的这种积极性变低。当私有化程度越来越高，民营企业的总产出逐渐减少。此外福利增强效应变大，产出替代效应会更小，总产出随着私有化程度会增加。

可以求得预算约束乘数 μ：

$$\mu = \frac{6-(1-\alpha)\sqrt{H}-f_0(2(3+m+n)-\alpha)(8+3m+3n-(3+m+n)\alpha)}{f_0(8+3m+3n-(3+m+n)\alpha)^2-2(4-\alpha)}$$

由于 μ>0，固定成本必须限制在以下参数范围内：

$$\underline{f}_0 \equiv \frac{2(2+\alpha)}{(2(3+m+n)-\alpha)^2} < f_0 \leq \bar{f}_0 \equiv \frac{2}{(2+m+n)(4+m+n)(2-\alpha)}$$

注意，当 $\frac{2}{3+m+n} < \alpha \leq 1$，上面的条件 $\underline{f}_0 < \bar{f}_0$ 成立。如果 $f_0 < \underline{f}_0$，预算约束是没有约束力的，均衡回到没有预算约束的情况。

二、第一阶段：选择私有化水平

正如前面几个章节，我们允许 $\sum_{i=1}^{n} M = \alpha \pi_0^e = \alpha \pi_0^s = 0$，则社会福利如下：

$$SW = F(q_0(\alpha), q_i(\alpha), q_j(\alpha), \alpha)$$

对 SW 关于 α 求微分，并且在 $\alpha = \frac{2}{3+m+n}$ 和 α=1 时进行估算，可以得到：

$$\left.\frac{\partial SW}{\partial \alpha}\right|_{\alpha=\frac{2}{3+m+n}} > 0 \text{ 和 } \left.\frac{\partial SW}{\partial \alpha}\right|_{\alpha=1} > 0 \qquad (10.16)$$

从上述情况看，我们可以推断出为了社会福利的最大化，政府希望民营企业在国有企业中拥有更大的份额。在国有企业存在预算约束的情况下，在 $\alpha^* = 1$ 时，最优政策是完全私有化政策。我们有以下命题。

命题 10.2 当政府施加预算约束时，最优私有化政策是完全私有化。

我们现在将本章的研究结果与最近的文献联系起来，并指出不同结果背后的原因。在存在工会的混合寡头垄断中没有交叉持股的情况下，崔（2011）表明，对国有企业施加预算约束将改善社会福利，因为福利增强效应比产出替代效应更显著。卡托（2012）发现，如果在古诺竞争下生产效率进一步恶化，国有企业可能会改善社会福利，这需要发生非常强大的生产替代效应。然而，王和穆克纪（2012）在斯塔克伯格竞争模型中考虑了成本差异，他们发现尽管社会福利随企业进入而提高，弱的产出替代效应会导致总产出和消费者剩余减少。

命题 10.2 的经济含义是，本章的一般化模型中由于存在交叉持股，在与预算约束相关的生产率提高的情况下，产出替代效应比福利增强效应更显著。因此，完全私有化是最好的政策。

由于完全私有化政策和预算约束会使得企业产量超过其利润最大化点的产量水平，生产替代效应弱于福利增强效应，这因此导致社会福利的改善，利润的降低以及消费者剩余的提高。即使没有预算约束，国有企业的生产效率也与民营企业相同，更高的利润也会导致社会福利的改善，但在生产替代效应较弱的情况下，消费者剩余较低。从命题 10.1 和命题 10.2 中我们可以看出，无论预算约束是否存在，最优私有化政策总是完全私有化。

在存在预算约束的情况下，SPNE 的结果如下：

$$\alpha^c = 1, \quad q_0^c = \frac{2+\sqrt{H(\alpha^c)}}{4+m+n}, \quad q_i^c = \frac{2n^2 + 2n(2+m-\sqrt{H(\alpha^c)}) - (2+m)(2+\sqrt{H(\alpha^c)})}{2n(2+m+n)(4+m+n)}$$

$$q_j^c = \frac{2(3+m+n) - \sqrt{H(\alpha^c)}}{2(2+m+n)(4+m+n)}, \quad Q^c = \frac{2+m^2+2m(2+n)+n(4+n)+\sqrt{2}\sqrt{H(\alpha^c)}}{(2+m+n)(4+m+n)}$$

$$p^c = \frac{2(3+m+n)+\sqrt{H(\alpha^c)}}{(2+m+n)(4+m+n)}, \quad \pi_0^c = 0, \quad \pi_i^c = p^c q_i^c - \frac{(q_j^c)^2}{2}$$

$$CS^c = \frac{(Q^c)^2}{2}, \quad SW^c = CS^c + \sum_{i=1}^n \pi_i^c + \sum_{j=1}^m \pi_j^c$$

其中上标 C 表示预算约束的均衡。

在没有预算约束的情况下，本章的结果如何与自由进入混合寡头垄断的文献相关？卡托（2012）证明，当存在成本不对称时，过度进入理论在混合市场中成立，而贝内特和拉曼娜（2012）得出了不相同的结果：只要混合寡头垄断是可行的，那么总产出，总成本和福利不受收支平衡约束的国有企业的影响。从之前文献的分析结果中得出两个矛盾点。与民营企业相比，国有企业的高成本使其处于竞争的劣势；但是，国有企业需要最大化的目标函数与其产量正相关，这会导致它的产量超过其利润最大化点的生产水平，从而为国有企业带来竞争优势。在均衡状态下，自由进入导致这两种力量达到平衡。在国有和民营企业之间不存在成本效率差距时，贝内特和拉曼娜（2012）得出的完全国有化结论与松村和坎达（2005）的结果相呼应。而王和陈（2010）发现在自由进入均衡时，国有和民营企业存在成本差距但政府对国有企业没有施加预算约束的情况下，部分私有化始终是国有企业的最佳政策。

第五节 福利分析

在前两节，我们比较了福利水平，并发现：

$$(SW^N - SW^C)|_{f_0 = \hat{f}_0} < 0, (SW^N - SW^C)|_{f_0 = f_0} > 0 \tag{10.17}$$

从式（10.17），存在 $\hat{f}_0$，使 $SW^N - SW^C = 0$。当 $f_0 > \hat{f}_0$ 时，$SW^N - SW^C < 0$，可以得到以下命题。

命题 10.3 交叉持股提高国有企业的生产效率时，若固定成本较低，政府为了获得更高的社会福利而不需要对国有企业施加预算约束。

根据崔（2011）的研究，对国有企业施加预算约束后，福利增强效应比产出替代效应显著，固定成本为零时的社会福利将获得改善。与崔（2011）不同，在本章中，福利增强效应比具有预算约束的产出替代效应更显著，存在固定成本时的社会福利得到改善。然而，只有当固定成本足够大时，具有盈亏平衡约束的社会福利才会大于没有预算约束的社会福利。命题（10.3）的经济学直觉是，对国有企业施加盈亏平衡约束将使私有化企业产出和产业总产出都减少，但会增加民营企业的产出。尽管预算约束会导致生产超过其利润最大化点的产量水平，私有化企业固定成本越高将会导致福利增强效应减弱，产出替代效应增强。当固定成本提高时，它将减少私有化企业的产出和行业的总产出。显然，在没有预算约束的情况下，固定成本的大小不会影响产出；因此，当国有企业固定成本较低且被民营企业交叉持有时，政府为了获得更高的社会福利不需要对国有企业施加预算约束。

在私有化和交叉持股的背景下讨论由于预算限制而产生的福利影响是有价值的，而然和帕尔（2012）的研究表明，在混合双寡头模型的均衡中，即使存在部分私有化，交叉持股也不会发生；然而，交叉持股的可能性显著地限制了社会最优的私有化水平。特别地，它表明如果具有足够凸的同分布成本函数和同质产品时，完全国有化将是社会最优的。然而，在他们的文章中并没有考虑交叉持股带来的效率提高，结果也因此与本章的结果不同。

王和陈（2011a）的研究表明，外国企业的进入程度的增加提高了国内民营企业的利润和社会福利，同时可能增加（或减少）国有企业的利润。若考虑到国内混合寡头垄断的预算限制，这一结果是否会依然成立？比较两种情景中的行业利润和总产出，我们得到：

$$\pi_0^N - \pi_0^C < 0, \ \pi_i^N - \pi_i^C > 0, \ \pi_j^N - \pi_j^C > 0, \ \Pi^N - \Pi^C > 0 \quad (10.18)$$

其中，$\pi^l = \pi_0^l + n\pi_i^l + m\pi_j^l$，$l = C, N$。

$$Q^N - Q^C < 0 \text{ 和 } p^N - p^C > 0。\quad (10.19)$$

方程（10.18）和方程（10.19）表明与总产出的变化方向相反，私有化企业的利润更高，但预算约束存在时总利润和市场价格更低。其原因在于，如果没有预算约束，产出替代效应将重新分配资源，民营企业相较于实施预算约束的情况会生产得更少。然而，当固定成本变得更高时，$Q^N - Q^C$ 和 $\Pi^N - \Pi^C$ 的差异减小，反过来，更高的福利来自企业利润更大幅度的增加，从而超过较低总产出时消费者剩余的负面影响。

第六节　结　　论

在本章中我们发现，存在提高国有企业生产效率的交叉持股时，无论是否对国有企业施加预算约束，最优的私有化政策都是完全私有化。当固定成本足够小时，为了达到更高的社会福利水平，政府不需要对国有企业施加预算约束。

本 章 附 录

引理 10.1 的证明：

我们有

$$\frac{\partial q_0}{\partial \alpha} = \frac{\partial q_j}{\partial \alpha} = \frac{2}{(\alpha - 2(3+m+n))^2} > 0$$

$$\frac{\partial q_i}{\partial \alpha} = \frac{-2(3+m)}{n(\alpha - 2(3+m+n))^2} < 0$$

$$\frac{\partial Q}{\partial \alpha} = \frac{-4}{(\alpha - 2(3+m+n))^2} < 0$$

引理 10.2 的证明：

我们有

$$\frac{\partial q_0}{\partial \alpha} = \frac{4 + \dfrac{\sqrt{2}H}{\sqrt{2 - f_0(2+m+n)(4+m+n)(2-\alpha)}}}{2(4+m+n)(2-\alpha)^2} > 0$$

$$\frac{\partial q_j}{\partial \alpha} = -\frac{f_0}{2\sqrt{H}} < 0$$

$$\frac{\partial q_i}{\partial \alpha} = \frac{f_0(4+m+n)(2-\alpha)(2(4+2m+n)-(2+m)\alpha) - 4(2+\sqrt{H})}{2\sqrt{2}n(4+m+n)\sqrt{2 - f_0(2+m+n)(4+m+n)(2-\alpha)}(2-\alpha)^2} < 0$$

$$\frac{\partial Q}{\partial \alpha} = \frac{f_0}{\sqrt{H}} > 0$$

第十一章
外资持股与国企私有化

有企业股票的动机时，部分私有化才可以实施的事实。在现有研究结论的基础上，考虑到这一显而易见的事实，我们重新考虑了跨国企业混合寡头垄断时的最优私有化政策。

本章发现，当跨国企业的外资持股比例不高时，政府将会选择最大化社会福利的私有化水平。然而，在外资持股比例足够大的情况下，情况并非如此。大量的外资持有股权会给私有化企业带来负利润，因此政府不能实施福利最大化的私有化政策。相反，政府必须考虑最优私有化水平的零利润条件，这将随着外资持有股权的增加而增加。这一结果清楚地表明，即使最优私有化水平与外资持有股权比例呈负相关，一旦外资持有比例足够大，情况就不一定如此了。这与王和陈（2011a）以及松村和卡托（2012）认为这种关系是单调的观点形成鲜明对比。

此外，基于线性需求模型，本章研究发现政府制定最优私有化政策具有一个有趣的特性。外资持股比例较高时，最优的政策是部分私有化；一旦外资持有股权达到一定程度，最优政策就会彻底转变为完全国有化。市场开放国家的政府可以通过进一步开放股票市场来促使私有化的企业重新国有化，我们的研究结果印证了最近重新国有化这一趋势。

本章剩余部分的结构安排如下：第二节介绍了基本框架；第三节解释了一般需求设定下的主要结果；第四节使用线性需求模型来更具体地说明主要结果；最后一节是对本章的总结和概括。

第二节　基本模型

本章考虑国内 $n+1$ 家生产同质产品的企业之间的古诺产量竞争。市场反需求函数为 $P=P(Q)$，其中 P 是价格，Q 是产品的总产量。其中一家企业是私有化企业，由政府和国内其他私人股东共同持股，其他企业为跨国企业，由国内和外国私人投资者共同持有股权。我们用下标 0 表示私有化的企业，用"i"（$i=1,2,\cdots,n$）表示跨国企业。这些企业具有以下成本结构：企业 0 的边际成本是

$c_0 > 0$，而所有跨国企业的边际成本都相同，为 c_1。我们假设私有化企业的效率比跨国企业低，即 $c_0 > c_1$。此外，我们将 c_1 标准化到 0。

本章模型的一个重要特征是讨论每个企业的所有权结构与企业目标函数的关系。与跨国企业一样，私有化企业也是由两种类型的投资者。尽管不同属性的两种企业存在相似性，但股权结构对民营企业和跨国企业目标函数的影响是不同的。为了理解这种差异，我们首先考虑跨国企业。假设有 n 家具有相同所有权结构的跨国企业，其中，外国投资者所持有的股权比例 $\alpha \in [0, 1]$。虽然有国内和国外两种不同类型的投资者，但投资者都有一个共同的目标，即最大化他们的资本收益和股利收入。因此，每个跨国企业都将最大化其利润，这也是投资者收益的来源：

$$\pi^i(q_i, Q_{-i}) := (P(Q) - c_1)q_i = P(Q)q_i \quad i = 1, 2, \cdots, n,$$

其中 $Q_{-i} = \sum_{k \neq i} q_k$，$q_j$ 是企业 j 的产量。因此，跨国企业的所有权结构 α 并不影响他们的目标函数。

另一方面，企业 0 可能被国内私人投资者持有，他们希望企业实现利润最大化：$\pi^0(q_0, Q_{-0}) = (P(Q) - c_0)q_0$。

然而，企业 0 也由政府持有，则政府希望企业 0 最大化其福利：

$$SW(q_0, Q_{-0}, \alpha) := \int_0^Q P(z)dz - P(Q)Q + \pi^0(q_0, Q_{-0}) + (1-\alpha)\sum_{i=1}^n \pi^i(q_i, Q_{-i})$$

(11.1)

这种所有权结构意味着不同类型的所有者的利益存在冲突，因此要回答私有化企业最大化什么的问题并不容易。本章遵循松村（1998）提出的部分私有化方案。我们假设企业 0 最大化其利润和福利的加权和，权重取决于政府和私人投资者之间的股份分配。更具体地说，使用 $\theta \in [0, 1]$ 来表示私有化程度。企业 0 的目标函数为：

$$V(q_0, Q_{-0}, \alpha, \theta) := \theta \pi^0(q_0, Q_{-0}) + (1-\theta)SW(q_0, Q_{-0}, \alpha)$$

该目标函数清楚地表明，企业 0 的股权结构影响其目标函数。私有化程度越高，企业越重视其利润。特别地，如果企业 0 是一个完全国有化的企业，它就是一个福利最大化者。如果它是一个完全私有化的企业，则该企业就是一个利润最大化者。

值得注意的是，我们的模型可以解释为国际贸易模型。式（11.1）右边的最后一项表示国内投资者从跨国企业获得的股利。它可以写成 $n(1-\alpha)\pi^i$，此处假设跨国企业是对称的。这提供了另一种解释，即企业 0 与 $n(1-\alpha)$ 家国内民营企业和 $n\alpha$ 家外国民营企业竞争。因此，我们的模型可以看作是一个国际贸易模型，其中 $n\alpha q_i = \alpha Q_{-0}$ 表示国内企业从外国企业的进口量。

第三节 最优私有化水平

为了研究最优私有化政策，我们求解两阶段博弈的均衡解。在第一阶段，追求福利最大化的政府决定国有企业的私有化程度，其中 $\theta \in [0,1]$。在第二阶段，所有企业同时独立选择其产量。我们使用逆向归纳法推导出该博弈的子博弈完美纳什均衡。

我们首先求解第二阶段的子博弈均衡。对于这一阶段的分析，我们做出如下假设：

假设 11.1 存在 $\overline{Q} > 0$，使 $P(\overline{Q}) = 0$。当 $Q \leq \overline{Q}$，反需求函数满足 $P'(Q) < 0$，$P''(Q) \geq 0$。

假设 11.2 对任意的 $j \in \{0, 1, \cdots, n\}$，$\pi_{12}^i(q_j, Q_{-j}) < 0$，下标表示对第 i 个参数的偏导数。

假设 11.1 和假设 11.2 确保所有企业满足目标函数最大化的二阶条件（即，$V_{11} < 0$ 和 $\pi_{11}^i < 0$）。它们还确保每个跨国企业的策略以及企业 0 策略（即 $V_{12} < 0$）的替代性。此外，每个企业产出的边际效益的大于产出的交叉效应，也就是说，$|V_{11}| > |V_{12}|$ 和 $|\pi_{11}^i| > |\pi_{12}^i|$。由此可以得出，各企业反应函数的斜率绝对值均小于 1（见附录 A）。

在给出第二阶段的所有均衡条件之前，我们先观察企业 0 的一阶条件，这有助于我们对接下来的主要结果的理解。企业 0 选择产量来最大化它的目标函数 V，我们得到一阶条件为

$$0 = V_1(q_0, Q_{-0}, \alpha, \theta) = (P(Q) + \theta P'(Q)q_0 - c_0) - (1-\theta)P'(Q)\alpha Q_{-0}$$

(11.2)

以这种方式表达企业 0 的一阶条件主要为了突出私有化程度 θ 和外资持股比例 α 对企业 0 最优决策的影响。

我们称式（11.2）右边的第一项为利润激励效应。第一项的 $(P(Q) + \theta P'(Q)q_0)$ 介于两个极值价格 $P(Q)$ 和边际收入 $P(Q) + P'(Q)q_0$ 之间。对于这部分，在给定的产出水平下，θ 是单调递增的，所以它可以衡量企业 0 行使定价权的程度。随着私有化程度的增加，企业 0 更多关注其利润，因此，它利用更多的定价权。因此，利润激励效应削弱了企业 0 扩大生产的动力。式（11.2）右边的第二项表示贸易条件效应（terms-of-trade effect）。上面我们曾解释，αQ_{-0} 可以表示为从外国企业的进口量。鉴于此，P 的减少对应于国内贸易条件的改善。这种改善提高了国内福利，这是企业 0 目标函数的一部分。因此，贸易条件效应为企业 0 提供了更强的生产动机。

从式（11.2）可以很容易地验证，θ 的增加削弱了贸易条件效应并放大了利润驱动的效果，从而诱导企业 0 减少其产出。α 的增加放大了引发效果，因为它促进进口量 αQ_{-0} 的增加。结果，企业 0 的产量增加。

现在我们给出了第二阶段的均衡条件。为了简单起见，我们假设存在一个唯一的对称均衡解，并且所有企业在均衡条件下生产的商品数量都为正值。在均衡条件下，企业 0 选择产量 $q_0^*(\theta, \alpha)$，每个跨国企业选择一个共同的策略 $q_1^*(\theta, \alpha)$，均衡由以下方程得出：

$$V_1(q_0^*(\theta, \alpha), nq_1^*(\theta, \alpha), \alpha, \theta) = 0$$

$$\pi_1^1(q_1^*(\theta, \alpha), q_0^*(\theta, \alpha) + (n-1)q_1^*(\theta, \alpha)) = 0$$

经过计算我们可以得出：

$$\frac{\partial q_0^*}{\partial \alpha} = -\frac{[\pi_{11}^1 + (n-1)\pi_{12}^1]V_{13}}{J} \geq 0, \quad \frac{\partial q_1^*}{\partial \alpha} = \frac{\pi_{12}^1 V_{13}}{J} \leq 0$$

$$\frac{\partial q_0^*}{\partial \theta} = -\frac{[\pi_{11}^1 + (n-1)\pi_{12}^1]V_{14}}{J} < 0, \quad \frac{\partial q_1^*}{\partial \theta} = \frac{\pi_{12}^1 V_{14}}{J} > 0$$

其中，J 是雅可比矩阵的行列式，$J = V_{11}\pi_{11}^1 - V_{12}\pi_{12}^1 + (n-1)\pi_{12}^1(V_{11} - V_{12}) > 0$，$V_{13} = -(1-\theta)P'(Q)nq_1^* \geq 0$ 和 $V_{14} = P'(Q)(q_0^* + n\alpha q_1^*) < 0$。这些比较静态分析背后的经济含义很简单。一方面，随着 α 上升，进口 $n\alpha q_1^*$ 增加，进口的增加通过贸易条件效应（$\partial q_1^*/\partial \alpha \geq 0$）导致产出增加并最终使企业 0 的边际收益增加。另一方面，θ 的增加通过利润驱动效应和贸易条件效应（$\partial q_0^*/\partial \theta < 0$）导致

企业 0 产量减少。$\partial q_1^*/\partial \alpha \leq 0$ 和 $\partial q_1^*/\partial \theta > 0$ 两者都归因于策略替代。

注意，$Q^*(\theta, \alpha) = q_0^*(\theta, \alpha) + nq_1^*(\theta, \alpha)$ 是随 θ 减少而减少，但并不随 α 减少。这个结论意味着均衡价格随私有化水平增加而增加，但是不会随着外资持股比例的增加而增加。更重要的是，我们也应该注意到私有化企业可能会赚取负利润。由私有化企业的一阶条件可知

$$P(Q^*(0, \alpha)) - c_0 = \alpha P'(Q^*(0, \alpha))nq_1^*(0, \alpha) \leq 0$$
$$P(Q^*(1, \alpha)) - c_0 = -P'(Q^*(1, \alpha))q_0^*(1, \alpha) > 0$$

观察这些均衡结果我们发现，均衡价格是随着 θ 单调递增的，存在一个唯一 $\bar{\theta}(\alpha) \in [0, 1)$，使得 $P(Q^*(\bar{\theta}(\alpha), \alpha)) = c_0$。因此，有

$$\pi^{0*}(\theta, \alpha) := \pi^0(q_0^*(\theta, \alpha), nq_1^*(\theta, \alpha)) \begin{Bmatrix} > \\ = \\ < \end{Bmatrix} 0 \Leftrightarrow \theta \begin{Bmatrix} > \\ = \\ < \end{Bmatrix} \bar{\theta}(\alpha)$$

特别地，当 $\alpha = 0$ 时，$\bar{\theta}(\alpha) = 0$，当 $\alpha > 0$ 时，$\bar{\theta}(\alpha) > 0$。当 θ 足够小时，私有化企业的利润是负的，除非所有的跨国企业都由国内投资者持有。此外，临界值 $\bar{\theta}(\alpha)$ 随 α 的增加而增加，所以，企业 0 的利润可能随着 α 的变大而变为负。

负利润结果具有额外的意义。负利润的可能性造成了一个严重的问题：政府可能无法实现部分私有化。假设政府持有企业 0 的所有股份，其持股导致负利润。根据 π^{0*} 的连续性，θ 的小幅增加仍然会导致企业 0 的负利润。由于私人投资者没有从持有企业 0 的股票中获得任何好处，政府在股票市场上找不到任何买家。这意味着如果企业 0 利润是负的，θ 的小幅增加是不可行的。这表明，政府控制私有化程度的能力受到限制。换句话说，私有化政策 Ω 的可行集由两部分组成，国有化以及企业 0 在非负利润下的私有化程度。

引理 11.1　在外资持股比例给定时，私有化政策的可行集为 $\Omega = \{0\} \cup [\bar{\theta}(\alpha), 1]$。此外，随着 α 增加，可行集缩小，也就是说，$\bar{\theta}'(\alpha) > 0$。

现在我们进入第一阶段。在这一阶段，政府最大化社会福利来设定的私有化程度 θ，企业的反应函数如下：

$$SW^*(\theta, \alpha) := \begin{cases} SW^1(\theta, \alpha) = SW(q_0^*(\theta, \alpha), nq_1^*(\theta, \alpha), \alpha) & \text{if } \theta \in \Omega \\ SW^2(\alpha) = SW(q_0^*(0, \alpha), nq_1^*(0, \alpha), \alpha) & \text{if } \theta \notin \Omega \end{cases}$$

如果我们忽略非负利润条件，最优私有化政策的特点是 $\hat{\theta}(\alpha) :=$

$\text{argmax}_{\theta \in [0,1]} \text{SW}^1(\theta, \alpha)$。本章主要关注非负利润条件，则最优政策定义为 $\theta^*(\alpha) := \text{argmax}_{\theta \in [0,1]} \text{SW}^*(\theta, \alpha)$。

这里出现了一个问题：非负利润条件如何影响政府的最优化？这个问题可以分成两个子问题。一是考虑非负利润条件下的最优私有化政策是什么。二是外资持股比例如何影响私有化的最优水平。为了回答该问题，我们将不存在非负利润条件下的最优私有化政策 $\hat{\theta}(\alpha)$ 与负利润条件下的最优私有化政策 $\theta^*(\alpha)$ 进行比较。

首先提出不存在任何非负利润条件下的最优私有化政策，结果如下所示。

命题 11.1 假设收入转移是可行的。如果企业 0 的边际成本不太大，则不管 α 大小，最优政策为部分私有化，即 $\hat{\theta}(\alpha) \in (0, 1)$。

穆克纪和苏创（Mukherjee and Suetrong, 2009）指出，如果收入从消费者转移到私有化企业，非负利润条件并不重要。王和陈（2011）利用线性需求模型，假设这种收入转移是可行的，表明在外资持股的混合寡头垄断中，部分私有化是最优政策。命题 11.1 表明其结果甚至适用于一般需求函数模型。

命题 11.1 背后的经济学解释是：假设 $\theta = 0$。在这种情况下，由于利润驱动和贸易条件效应，企业 0 的产量很大。这种生产过剩扭曲了国内的生产分配。如果政府提高私有化水平，生产过剩的问题得到解决，因此，社会福利增加。所以，政府永远不会选择私有化水平 $\theta = 0$。相反，假设企业 0 的边际成本 c_0 足够小，且 $\theta = 1$ 时，私有化企业有生产不足的动机。这种生产不足恶化了贸易条件（并减少了消费者剩余）。如果政府试图降低私有化水平，对福利会产生两方面的影响。一方面是贸易条件的改善；另一方面是私有化企业生产成本的增加。当私有化企业的边际成本 c_0 较小时，前者的福利效应优于后者。因此，政府不选择 $\theta = 1$。

接下来我们可以讨论非负利润条件 $\theta^*(\alpha)$ 下的最优私有化水平。最优私有化政策的特点如下：

命题 11.2 假设 $\hat{\theta}'(\alpha) < 0$。存在唯一的 $\tilde{\alpha}$ 使得 $\hat{\theta}(\tilde{\alpha}) = \bar{\theta}(\tilde{\alpha})$。最优私有化水平 $\theta^*(\alpha)$ 为：(1) $\alpha \in [0, \tilde{\alpha}]$ 时，$\theta^*(\alpha) = \hat{\theta}(\alpha)$；(2) $\alpha \in (\tilde{\alpha}, \tilde{\alpha} + \varepsilon)$ 时，$\theta^*(\alpha) = \bar{\theta}(\alpha)$，其中 $\varepsilon > 0$，是一个非常小的实数。

命题 11.2 背后的直觉解释如下。假设 α 很大，在这种情况下，由于贸易条件效应，企业 0 生产过剩，生产过剩使价格很低。此外，根据前文，政府持有的股份越多,企业 0 的产出就越多。考虑到这些事实,我们发现企业 0 的利润很可能是负的,除非政府出售企业 0 几乎所有的股票,这意味着可行的私有化水平集非常小。因此,在 α 较大情况下,政府不能选择其私有化程度 $\hat{\theta}(\alpha)$。

王和陈(2011)表明,在不考虑非负利润条件下,最优私有化程度随着 α 的增加而减少。此外,卡托和松村(2012)研究表明,长期来看最优私有化程度随着 α 增加而增加。此外,私有化的最优程度与外资持股比例呈单调相关,但是私有化程度与外国投资者持股之间的关系不是单调的。但是命题 11.2 说明私有化程度与外国投资者持股比例不是单调相关的。虽然在外国投资者持股比例较小的情况下,私有化的最优程度与外资持股比例呈负相关关系,但一旦外国投资者持股比例变大,这种关系就会发生逆转。

私有化的最优水平与外资持股之间的非单调关系可以从另一个角度来解释。根据隐函数定理,在 $\theta = \hat{\theta}(\alpha)$ 邻域,$\hat{\theta}'(\alpha)$ 的符号与 SW_{12}^1 一致,我们有

$$SW_{12}^1 = \left[SW_{11}\left(\frac{\partial q_0^*}{\partial \theta}\right)\left(\frac{\partial q_0^*}{\partial \alpha}\right) + 2nSW_{12}\left(\frac{\partial q_0^*}{\partial \theta}\right)\left(\frac{\partial q_1^*}{\partial \alpha}\right) + n^2 SW_{22}\left(\frac{\partial q_1^*}{\partial \theta}\right)\left(\frac{\partial q_1^*}{\partial \alpha}\right) \right]$$
$$+ \left[SW_1\left(\frac{\partial^2 q_0^*}{\partial \alpha \partial \theta}\right) + nSW_2\left(\frac{\partial^2 q_1^*}{\partial \alpha \partial \theta}\right) \right] + \left[SW_{13}\left(\frac{\partial q_0^*}{\partial \theta}\right) + nSW_{23}\left(\frac{\partial q_1^*}{\partial \theta}\right) \right]$$

这个不等式来自 $(\partial q_0^*/\partial \alpha)(\partial q_1^*/\partial \theta) = (\partial q_0^*/\partial \theta)(\partial q_1^*/\partial \alpha)$。一方面,右边的第一项和第二项表示产出调整对边际福利的间接影响。特别是第一项可以简化为

$$\frac{V_{13}V_{14}P'(Q^*)^2(2n\alpha \pi_{12}^1 + SW_{11})}{J^2} \geq 0$$

这意味着间接影响可以是正向的。另一方面,第三项显示了直接效应,它对边际福利有负影响,因为它可以化简为

$$SW_{13}\left(\frac{\partial q_0^*}{\partial \theta}\right) + nSW_{23}\left(\frac{\partial q_1^*}{\partial \theta}\right) = -\frac{nP(Q^*)V_{14}\pi_{11}^1}{J} < 0$$

$\hat{\theta}'(\alpha)$ 的符号取决于直接效应相对于间接效应的强度。因此,即使我们关注的是在无非负利润条件下私有化的最优程度,一般需求模型也会出现非单调关系。

第四节 线 性 需 求

在前一节中,我们讨论了存在非负利润条件 $\theta^*(\alpha)$ 下最优的私有化政策,并探索了最优私有化政策与外资持股比例 α 的关系。然而,我们模型的一般性导致我们无法推导出所有 α 值的最优私有化政策。在本节,我们使用一个特定的需求 $P(Q) = a - Q$ 来直接推导出最优的私有化政策。对于这个分析,我们假设 $c_0 < a/(n^2 + 3n + 1)$,该假设与命题 1 中的条件 $c_0 < \bar{P}$ 相呼应。第二阶段的均衡条件产生均衡产出,企业 0 的利润为

$$q_0^*(\theta, \alpha) = \frac{[1 + n\alpha(1-\theta)]a - (n+1)c_0}{1 + \theta + n[\theta + \alpha(1-\theta)]}$$

$$q_1^*(\theta, \alpha) = \frac{\theta a + c_0}{1 + \theta + n[\theta + \alpha(1-\theta)]}$$

$$\pi^{0*}(\theta, \alpha) = q_0^*(\theta, \alpha) \cdot \frac{\theta a - \{\theta + n[\theta + \alpha(1-\theta)]\}c_0}{1 + \theta + n[\theta + \alpha(1-\theta)]}$$

在假设 $c_0 < a/(n^2 + 3n + 1)$ 下所有企业均衡产量为正。此外,它直接表明 $\bar{\theta}(\alpha) = (n\alpha c_0)/\{a - [1 + n(1-\alpha)]c_0\}$ 在 [0, 1) 范围内且为单调递增。因此,可行的私有化集,$\Omega = \{0\} \cup [\bar{\theta}(\alpha), 1]$,随着 α 增加而缩小。

在第一阶段,政府试图最大化社会福利

$$SW^*(\theta, \alpha) = \begin{cases} SW^1(\theta, \alpha) = \dfrac{A}{2\{1 + \theta + n[\theta + \alpha(1-\theta)]\}^2} & \text{if } \theta \in \Omega \\[2mm] SW^2(\alpha) = \dfrac{(1+n\alpha)^2 a^2 - 2(1+n\alpha)^2 ac_0 + (1 + 2n + 2\alpha n^2)c_0^2}{2(1+2n\alpha)^2} & \text{if } \theta \notin \Omega \end{cases}$$

其中

$$A = \{1 + 2\theta + n[2 + 2(2-\theta)\theta] + 2n^2[\theta + \alpha(1-\theta)]\}c_0^2$$
$$+ \{1 + 2\theta + n^2[\theta + \alpha(1-\theta)]^2 + 2n(\alpha + \theta + \theta^2 - 2\alpha\theta^2)\}a^2$$
$$- 2\{1 + n^2\alpha(1-\theta)[\theta + \alpha(1-\theta)] + 2\theta + n[\theta + \alpha(2 + \theta - \theta^2)]\}ac_0。$$

第一步主要为了计算 $\theta^*(\alpha)$,我们通过收入转移 S 来考虑最优私有化水平

$\hat{\theta}(\alpha)$。很容易可以证明 $SW_1^1(0, \alpha) > 0$ 且 $SW_1^1(1, \alpha) < 0$,则最优政策 $\hat{\theta}(\alpha)$ 满足

$$SW_1^1(\hat{\theta}(\alpha), \alpha) = 0 \Leftrightarrow \hat{\theta}(\alpha) = \frac{n[1 + (n-1)\alpha]c_0}{(1 + 2n\alpha)a - (n+1)[1 + n(1-\alpha)]c_0}$$

简单计算得:私有化程度随着 α 的减少而降低。此外,方程 $\hat{\theta}(\alpha) = \bar{\theta}(\alpha)$ 的解为 $\alpha = 1/2$。再加上 $\hat{\theta}(\alpha)$ 和 $\bar{\theta}(\alpha)$ 的单调性质,我们得到的

$$\hat{\theta}(\alpha) \begin{Bmatrix} > \\ = \\ < \end{Bmatrix} \bar{\theta}(\alpha) \Leftrightarrow \alpha \begin{Bmatrix} < \\ = \\ > \end{Bmatrix} \frac{1}{2}$$

这意味着如果 $\alpha \leq 1/2$,政府可以设置 $\theta = \hat{\theta}(\alpha)$ 作为最优私有化政策,反之则不成立。

最后,我们希望得到最优的 $\theta^*(\alpha)$。如前一节(第三节)中指出的那样,当 α 非常大时,政府可能会将最优私有化水平从 $\theta = \bar{\theta}(\alpha)$ 变成 $\theta = 0$。我们确定这种可能性,接下来转向 $\theta^*(\alpha)$ 的推导。为此,我们从比较 $SW^1(\bar{\theta}(\alpha), \alpha)$ 和 $SW^1(0, \alpha) = SW^2(\alpha)$ 开始。将两个福利函数做差得到:

$$SW^1(\bar{\theta}(\alpha), \alpha) - SW^2(\alpha) = -\frac{c_0^2 n^2 \alpha[2n\alpha^2 + (3-2n)\alpha - 2]}{2(1+n\alpha)^2}$$

记 $2n\alpha^2 + (3-2n)\alpha - 2 = 0 \Leftrightarrow \alpha = \bar{\alpha} := (2n - 3 + \sqrt{4n^2 + 4n + 9})/4n$, $\bar{\alpha} \in \left(\frac{2}{3}, 1\right)$。通过该 $\bar{\alpha}$ 获得以下关系:

$$SW^1(\bar{\theta}(\alpha), \alpha) \begin{Bmatrix} > \\ = \\ < \end{Bmatrix} SW^2(\alpha) \Leftrightarrow \alpha \begin{Bmatrix} < \\ = \\ > \end{Bmatrix} \bar{\alpha}$$

因此,当外资所有权的程度大于 $\bar{\alpha}$,政府有动机对企业 0 实施完全国有化。上述讨论将在命题 11.3 中进行总结。

命题 11.3 假设需求是线性的,企业 0 在非负利润条件下的最优私有化程度为

$$\theta^*(\alpha) = \begin{cases} \hat{\theta}(\alpha) = \dfrac{n[1+(n-1)\alpha]c_0}{(1+2n\alpha)a - (n+1)[n(1-\alpha)-1]c_0} & \text{if } \alpha \in \left[0, \dfrac{1}{2}\right] \\ \bar{\theta}(\alpha) = \dfrac{n\alpha c_0}{a - [n(1-\alpha)+1]c_0} & \text{if } \alpha \in \left(\dfrac{1}{2}, \bar{\alpha}\right] \\ 0 & \text{if } \alpha \in (\bar{\alpha}, 1] \end{cases}$$

图 11-1 对命题 11.3 进行了说明。从图 11-1 可以观察到，$\hat{\theta}(\alpha)$ 是一条向下倾斜的曲线而 $\bar{\theta}(\alpha)$ 是一条向上倾斜的曲线。此外，这些曲线相交于 $\alpha = \frac{1}{2}$。这些现象表明，当 $\alpha \geq \frac{1}{2}$，政府不能选择 $\hat{\theta}(\alpha)$ 作为最优私有化政策。因此，对该取值范围的 α，政府选择用 $\bar{\theta}(\alpha)$ 取代 $\theta = \hat{\theta}(\alpha)$。有趣的是，一旦 α 达到 $\bar{\alpha}$，政府彻底改变其私有化政策，从 $\theta = \hat{\theta}(\alpha)$ 变成 $\theta = 0$（完全国有化）。

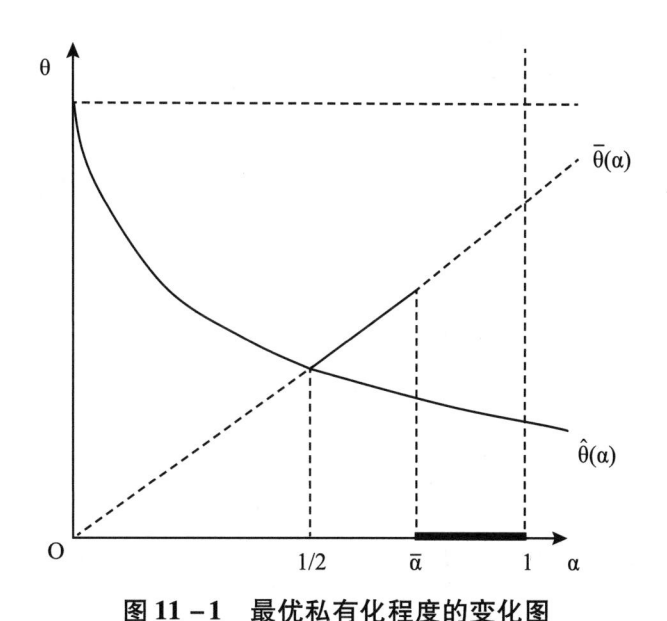

图 11-1 最优私有化程度的变化图

我们现在解释命题 11.3 背后的经济学直觉。首先，假设 α 很小，正如在前一节中提到的，α 的增加使企业 0 因为贸易条件效应而获得更大的生产积极性。企业 0 的这种扩张行为增加了国内企业的总生产成本。θ 的减少使企业 0 通过贸易条件效应和利润驱动效应减少其输出。因此，政府试图在 α 上升时减少 θ，以通过增加生产成本来降低福利损失。

接下来，考虑 α 值在中间范围。在外资所有权处于中间水平时，企业 0 由于贸易条件效应而生产过剩。因此，α 的增加使得价格很低，对更大范围的 θ 来说，企业 0 获得负的利润。然后，为了确保利润为正的条件，政府必须选择 $\bar{\theta}(\alpha)$ 作为最优私有化政策。此外，为了保证在较大的 α 时企业 0 的零利润条件，政府必须通过增加 θ 来减轻企业 0 的生产过剩行为。因此，α 的增加提高了最优私有化程度。

最后，考虑 α 足够大时的情况（即 α = $\bar{\alpha}$）。根据上面的讨论，当 α 处于中间范围时，最优私有化程度是 $\bar{\theta}(\alpha)$。在这种情况下，福利分解为消费者剩余和跨国企业的分红，但由于 α 足够大，后者非常小。假设外企的投资份额增加，这种增长使得红利对福利的影响变得更加微不足道，因此只有消费者剩余才会对福利产生影响。一方面，如果政府仍然选择 $\theta = \bar{\theta}(\alpha)$，它必须增加私有化水平来满足利润非负的条件，这将会对消费者剩余产生不利影响。另一方面，如果政府选择 θ = 0（全面国有化），企业 0 会有更大的生产积极性，消费者剩余改善。因此，政府会从 $\theta = \bar{\theta}(\alpha)$ 调整至 θ = 0，彻底改变其私有化政策。

第五节 结 论

利用国有企业与跨国企业竞争的混合寡头模型，本章分析了非负利润条件下的最优私有化政策。另外还探讨了市场中跨国企业的外资持股比例如何影响私有化的最优水平。我们首先发现，当外国投资者持股比例不高时，政府选择的是福利最大化时的私有化水平。然而，在外企投资比例足够大时，政府选择的私有化水平下，私有化企业的利润为零。这一结果清楚地表明，即使在外国投资者持股比例不高时，最优的私有化水平与外国投资者的投资程度负相关，但一旦持股比例足够大，情况就不可能如此。这与现有的文献如王和陈（2011）、松村和卡托（2012）等认为关系单调的观点形成了鲜明的对比。

此外，利用线性需求模型，我们还发现，私有化的最优程度随外国投资者持股比例先下降后上升。然而，当外资持股比例足够大时，应该实行完全国有化。这一结果具有重要意义。市场更加开放国家的政府倾向于将其国有企业私有化，但是他们可以通过进一步的股票市场自由化将其重新国有化，这可能是最近重新国有化运动的一个原因。

我们的文章是考虑私有化政策可行性的第一步。因此，我们的模型比较简单，忽略了一些现实中的问题。首先，我们假定外国私人投资者不能购买国内私有化企业的股票。林和松村（2012）的研究表明，私有化企业的外资所有权会影响最优私有化政策。在未来的研究中，这种外资所有权应该被纳入我们的模型。其次，我们假设私有化企业只与拥有对称所有权结构的跨国民营企业竞争。然而，在现实中，有各种类型的民营企业，如国内民营企业，外国民营企业和跨国企业等。此外，跨国企业之间的所有权结构可能会有所不同。在以后的研究中，我们可以要将这些特性合并到模型中进行分析。

本 章 附 录

命题 11.1 的证明：

对 SW^1 进行偏微分，我们得到：

$$SW_1^1(\theta, \alpha) = SW_1 \frac{\partial q_0^*}{\partial \theta} + nSW_2 \frac{\partial q_1^*}{\partial \theta}$$

$$= \frac{V_{14}\{\theta P'(Q^*)(q_0^* + \alpha n q_1^*)[\pi_{11}^1 + (n-1)\pi_{12}^1] + n(1-\alpha+n\alpha)P(Q^*)\pi_{12}^1\}}{J}$$

第二个等式来自企业 0 和企业 1 目标函数的一阶条件。部分私有化的充分条件为 $SW_1^1(0, \alpha) > 0$ 和 $SW_1^1(1, \alpha) < 0$。该不等关系是显而易见的。

另一方面，后面的不等式可以推导如下。考虑企业 0 的边际成本不是很高的情况 $c_0 < \bar{P} := \left[\frac{\pi_{11}^1 - \pi_{12}^1}{\pi_{11}^1 + (n-1)\pi_{12}^1}\right] P(Q^*)$。在这种情况下，可得：

$$SW_1^1(0, \alpha) = \frac{n(1-\alpha+n\alpha)P(Q^*(0, \alpha))\pi_{12}^1 V_{14}}{J} > 0 \quad (11.3)$$

$$SW_1^1(1, \alpha) = \frac{V_{14}[\pi_{11}^1 + (n-1)\pi_{12}^1]}{J}\left\{c_0 - \left[\frac{(1+n\alpha)\pi_{11}^1 - \pi_{12}^1}{\pi_{11}^1 + (n-1)\pi_{12}^1}\right]P(Q^*(1, \alpha))\right\} < 0$$

$$(11.4)$$

因此，由式（11.3）和式（11.4）可知，最优政策是部分私有化。

命题 11.2 的证明：

当 $\theta = \bar{\theta}(\alpha)$ 求 SW_1^1 的值，可得：

$$SW_1^1(\bar{\theta}(\alpha), \alpha) = \frac{nc_0 V_{14}(-\alpha\pi_{11}^1 + \pi_{12}^1)}{J}$$

定义 $F(\alpha) := -\alpha\pi_{11}^1 + \pi_{12}^1$，从 $\hat{\theta}(\alpha)$ 的定义出发，我们有 $F(\alpha) = 0 \Leftrightarrow \bar{\theta}(\alpha) = \hat{\theta}(\alpha)$。方程 F 是连续的且满足 $F(0) = -\pi_{12}^1 < 0$，$F\left(\frac{1}{2}\right) = \frac{1}{2}P''(Q^*)q_1^* \geqslant 0$ 当且仅当 $P''(Q^*) = 0$。因此，通过中值定理，我们发现当 $P''(Q^*) > 0$，存在 $\tilde{\alpha} \in (0, 1)$

使得 $F(\tilde{\alpha}) = 0$。其中，当 $P''(Q^*) = 0$ 时 $\tilde{\alpha} = \frac{1}{2}$。如果 $\hat{\theta}(\alpha)$ 下降的话，$\hat{\theta}(\alpha) - \bar{\theta}(\alpha)$ 也下降。这确保存在唯一的 $\tilde{\alpha} \in (0, 1)$ 使得 $F(\tilde{\alpha}) = 0$。

由 $\hat{\theta}'(\alpha) < 0$ 和 $\bar{\theta}'(\alpha) > 0$，我们可以得到 $\hat{\theta}(\tilde{\alpha} + \varepsilon) < \bar{\theta}(\tilde{\alpha} + \varepsilon)$，这表明 $\hat{\theta}(\tilde{\alpha} + \varepsilon) \notin \Omega$。由 $SW^*(\theta, \alpha)$ 在 $\alpha = \tilde{\alpha}$ 处的连续性，最优的私有化程度为 $\theta^*(\tilde{\alpha} + \varepsilon) = \bar{\theta}(\tilde{\alpha} + \varepsilon)$；另一方面，当 $\alpha < \tilde{\alpha}$，$\hat{\theta}(\alpha) > \bar{\theta}(\alpha)$ 成立。因此，最优私有化程度为 $\theta^*(\alpha) = \hat{\theta}(\alpha)$。

附录 A

反应方程及其性质

准反应方程 $R^i(Q_{-i})$ 满足 $P(Q) + P'(Q)R^i(Q_{-i}) = 0$。该方程两边同时对 Q 偏微分，可得：

$$R^{i'}(Q) = -\frac{P'(Q) + P''(Q)R^i(Q)}{P'(Q)} \in (-1, 0)$$

所有企业的准反应方程的总和 $Q_{-0} = \sum_{i=1}^{n} R^i(Q)$。由此求解 Q_{-0}，我们可得所有企业对企业 0 的总反应为 $Q_{-0} = R(q_0)$。结合 R 的定义式，我们有

$$R'(q_0) = -\frac{nR^{i'}(Q)}{1 - nR^{i'}(Q)} \in (-1, 0), \quad R(\bar{Q}) = 0$$

接下来，我们考虑企业 0 的反映函数，$R^0(Q_{-0}, \alpha, \theta)$。这个函数满足 $V_1(R^0(Q_{-0}, \alpha, \theta), \alpha, \theta) = 0$，因此我们可得：

$$R^0_1(Q_{-0}, \alpha, \theta) = -\frac{V_{12}}{V_{11}} \in (-1, 0), \quad R^0_2(Q_{-0}, \alpha, \theta)$$

$$= -\frac{V_{13}}{V_{11}} \geq 0, \quad R^0_3(Q_{-0}, \alpha, \theta) = -\frac{V_{14}}{V_{11}} < 0$$

进一步地，分析企业 0 在 $q_0 = \bar{Q}$、$Q_{-0} = 0$ 时的一阶条件可得：

$$V_1(\bar{Q}, 0, \alpha, \theta) = -c_0 + \theta P'(\bar{Q})\bar{Q} < 0$$

同时结合二阶条件知 $\bar{Q} > R^0(0, \alpha, \theta)$。

附录 B

均衡解的存在性：假定 $c_0 < P(R(0))$。存在一个唯一的均衡值使得所有的公司都能够生产、且所有跨国企业选择同一种策略。

已知（1） $-1 < R'(q_0) < 0$，（2） $-1 < R_1^0(Q_{-0}, \alpha, \theta) < 0$，和（3） $\bar{Q} > R^0(0, \alpha, \theta)$，很容易可得 $R^0(R(0), \alpha, \theta) > 0$（见图 11-2）。对于 $Q_{-0} = R(0)$，有：

$$V_1(\bar{0}, R(0), \alpha, \theta) = P(R(0)) - c_0 - \alpha(1-\theta)P'(R(0))R(0)$$
$$= [1 + n\alpha(1-\theta)]P(R(0)) - c_0$$
$$\geqslant P(R(0)) - c_0$$

再结合企业 0 的二阶条件与假设 $c_0 < P(R(0))$，可知，$R^0(R(0), \alpha, \theta) > 0$。

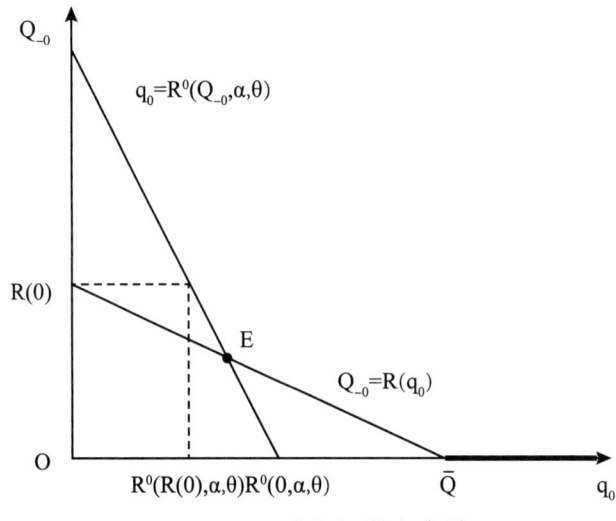

图 11-2 均衡解的存在性

第十二章
外资持股、公共资金成本与国企私有化

第一节　引　言

在过去几十年里，涌现出大量关于国有企业私有化理论探索的文献。德夫拉亚和德尔博诺（De Fraja and Delbono，1989）通过研究混合寡头模型发现，以社会福利最大化为目标的国有企业私有化可能会改善社会福利。松村（1998）则明确考虑了部分私有化的可能性[①]。

在过去关于混合寡头垄断的文献中，卡普阿诺和德费奥（Capuano and De Feo，2010），王和陈（2011b）以及松村和都丸（2013；2015）将公共资金影子成本（或超额税收负担，ETB）纳入政府的考虑范围，探究国有企业目标函数改变所带来的福利效应，进而找到解决政策负担问题的途径。王和陈（2011b）考虑了古诺竞争中企业间存在生产效率差异的情况，松村和都丸（2013）则更全面地比较了四种情况下的最优补贴政策及其相应的福利水平：混合寡头与标准寡头的古诺竞争以及分别以国有企业和民营企业为先行企业的斯塔克伯格竞争。此外，松村和都丸（2015）研究了产品差异化的影响；而徐等（2016）与李和王（2018）将国际竞争纳入考虑范围，探究其与私有化之间的关系。徐和李（2018）研究表明，在一个自由进入的混合寡头市场中，若考虑税收的超额负担，通过观察环境政策对私有化的影响可以发现，当税收的超额负担轻（重）时，事后税收征收的水平相对事前较低（高），这会导致市场上有较多（少）企业以及较高（低）程度的环境破坏。在此，我们希望提供一个更为一般的模型，不仅能够综合现有的模式，而且还能够同时处理五个重要议题：部分私有化、补贴、市场竞争强度、外资持股以及超额税收负担（公共资金影子成本）。

本章研究了在外资持股的混合寡头市场中，市场竞争和公共资金影子成本对私有化及补贴政策的影响。我们提出两个主要命题：（1）当政府同时实施税

---

① 在自由进入市场中，松村和坎达（2005）评估了同质寡头垄断下部分私有化对福利的影响，并认为这可以替代直接监管，避免过度进入问题。王和陈（2010）强调了公私企业成本效率差距的重要性，并探究了在自由市场中成本效率差距与国外竞争以及最适私有化之间的关系。

收/补贴政策以及私有化政策时，最优私有化政策为国有企业部分私有化。若此时公共资金影子成本相对较大，政府将会征收生产税；（2）当仅施行私有化政策时，若外国投资者在民营企业中所占股份比例相对较小，则私有化水平与公共资金影子成本成负相关关系；但当施行双重政策时，两者成正相关关系。此外，还需指出的是，外资持股比例对私有化和补贴政策的影响还取决于成本结构、所有权类型、企业分布以及政策组合。我们的这些结果是由一个更为一般的模型所得，值得学术研究人员和政策决策者注意。

政府的补贴与税收政策一直是学术界讨论的热门话题，例如唐清泉和罗党论（2007）认为政府补贴不会增强公司的经济效益，但却有助于其社会效益的发挥；而耿强等（2011）发现地方政府的政策性补贴扭曲了要素市场价格，压低投资成本，形成产能过剩。在与混合寡头的最优补贴率相关的理论研究中，怀特（1996）基于古诺模型发现混合寡头垄断与标准寡头垄断下的最优补贴率相同（私有化中立定理）。都丸（2006）认同该私有化中立定理（Privatization Neutrality Theorem，PNT），其研究发现无论国有企业私有化水平多高，最优补贴、所有企业的产量、利润以及社会福利都是一样的。松村和奥村（Matsumura and Okumura，2013）也指出无论博弈顺序和私有化的水平如何，私有化都不会对福利造成影响。王和陈（2011a）以及松村和都丸（2013）引入了超额税收负担来描述PNT的反例，即私有化是能够提高福利的。松村（1998）表明，在混合寡头垄断下部分私有化是最优的。我们注意到，除了产品市场的开放政策外，最近在全球范围内的资本自由化使国内投资者与国外投资者能够在许多混合寡头垄断市场拥有国内民营企业的股份。许召元和张文魁（2015）则利用中国经济实际情况，发现国有企业改革对提高经济效率、促进经济持续增长具有重要意义。我们注意到，除了产品市场的开放政策外，最近在全球范围内的资本自由化使国内投资者与国外投资者能够在许多混合寡头垄断市场拥有国内民营企业的股份。沈坤荣（1999）通过实证研究发现外国直接投资通过"外溢效应"（Spillover effect）与"学习效应"（Learing by doing），使中国经济的技术水平、组织效率不断提高，从而提高了国民经济的综合要素生产率。为了解外资持股对私有化政策的影响，王和陈（2011a）指出，在短期内，当外国投资者所持有的股权份额增加时，政府应该相应地提高私有化水平，这将会增加国内所有民营企业的利润和社会福利。卡托和松村（2012）研究了外资持股是如何影响私有化政策的,并表明从长期来看,私有化的最优水平是随着外资持股的增加而增加。王和陈(2011a)以及卡托和松村(2012)的结论是,无论市场上是否存在进入壁垒,资本开放市场政策和私有化政策都是互补的。虽然可能会暂时地减少社会福利,但是拥有更加开放的资本市场的国家应该对国有企业进行更多的私有化改革。

松村和都丸(2012)发现,在最优税收补贴政策下,政府的私有化决策取决于市场上民营企业的数量以及外国投资者所持有的股权份额。特别是当外国投资者持股比例较低时,在民营企业无法自由进入的情况下,政府应对国有企业进行私有化改革。王和李(2013)探究了混合寡头市场中企业的决策顺序将如何影响外资持股比例和自由进入市场的社会效益。他们指出,当外资持股比例较低时,民营企业追随者的进入会导致消费者福利较低,社会福利较高,国有企业利润较高。此外,他们发现,无论外资持股比例为多少,在国有企业作为先行企业时总存在着市场过度进入的问题,这对行业及其市场开放政策具有重要的影响。徐等(2017)研究了在自由进入的混合寡头垄断市场中,政府实施私有化和市场自由化政策的时机对最优私有化水平和新进入企业数量的影响。他们建立了两种模式:事后私有化和事前私有化。在前者中,政府放开市场,然后将国有企业私有化,而在后者中,政策的顺序是颠倒的。研究表明,在外国持有民营企业较高(低)比例股份时,事前私有化会带来更高(低)的最优私有化水平,且新进入的民营企业的均衡数量更大(小)。

本章组织如下:第二节为基本模型,第三节我们将探讨在策略性税收/补贴政策下,公共资金影子成本与外资持股比例将如何影响私有化政策。第四节我们进行了政策选择及相应社会福利的比较。第五节则是本章的结论。

第二节 基本模型

考虑同质产品的国内市场,市场上有 1 家国有企业(企业 0),n 家民营企业。假定需求函数为线性方程 $P = a - Q$。供给函数为 $Q = q_0 + \sum_{i=1}^{n} q_i$,其中 q_0 和

q_i 分别表示国有企业与民营企业的产量。与其他混合寡头垄断的相关文献类似，我们假定所有企业都拥有同样的技术，其相对应的递增的边际成本函数分别为[①]：$\frac{q_0^2}{2}$ 和 $\frac{q_i^2}{2}$。

国有企业与民营企业的利润函数分别为：

$$\pi_0 = \left(a - q_0 - \sum_{i=1}^{n} q_i + s\right)q_0 - \frac{q_0^2}{2} \qquad (12.1)$$

$$\pi_i = \left(a - q_0 - \sum_{i=1}^{n} q_i + s\right)q_i - \frac{q_i^2}{2} \qquad (12.2)$$

其中 s 为政府给予企业的单位补贴率。

社会福利可被设定为：

$$SW = CS + (1-\alpha)\sum_{i=1}^{n}\pi_i - (1+\lambda)\left(s\sum_{i=1}^{n}q_i + sq_0 - \pi_0\right) \qquad (12.3)$$

其中消费者剩余为 $CS = \frac{Q^2}{2}$，α 是外资持股比例，λ 为公共资金的影子成本，代表政府官僚结构的低效率[②]。正如松村和都丸（2012）的解释，当所有民营企业都有相同比例的股权结构时，那么市场上会存在 αn 个国外民营企业，$(1-\alpha)n$ 个国内民营企业。因此，这两个公式的均衡结果完全相同[③]。我们假设 $\lambda \in [0, \infty)$。
正如松村和都丸（2013）所指出的，社会福利可以分解为无税收负担的福利与因税收所造成的扭曲两部分。因此，我们可以重写式（12.3）得到：

$$\begin{aligned}SW &= CS + (1-\alpha)\sum_{i=1}^{n}\pi_i - (1+\lambda)\left(s\sum_{i=1}^{n}q_i + sq_0 - \pi_0\right)\\ &= \left[CS + (1-\alpha)\sum_{i=1}^{n}\pi_i - s\sum_{i=1}^{n}q_i - sq_0 + \pi_0\right]\\ &\quad - \lambda\left(s\sum_{i=1}^{n}q_i + sq_0 - \pi_0\right) = SW(\lambda = 0)\\ &\quad + \lambda\left(\pi_0 - s\sum_{i=1}^{n}q_i - sq_0\right)_{\circ}\end{aligned}$$

---

① 参见松村和坎达（2005）、王等（2009）和王和陈（2010）在混合寡头垄断中关于边际成本递增的说明（规模技术收益递减）。
② 类似的假设可以在卡普阿诺和德费奥（Capuano and De Feo，2010）、王和陈（2011b）、松村和都丸（2013）中找到。
③ 本章不考虑外资对国有企业的持股。林和松村（2012）也考虑了外国投资者在私有化企业中的持股。和王和陈的发现一样：增加外国投资者的持有股份比例将会增加最优私有化水平，而增加外国企业在产品市场的持股将会降低最适私有化水平。这些结果表明，金融市场的开放程度和产品市场的开放程度对最优私有化政策具有相反的影响。

等式的右边来自支付给民营企业的补贴所带来的超额税收负担。从这一社会福利表达式不难推断，λ 的增加使得政府更加重视国有企业的利润。

政府在第一阶段（售股阶段）出售企业 0 的全部或部分股份。这意味着出售股份的收入在后期是固定的，随后为产量设定阶段。政府从私有化企业的部分利润和企业股票的出售收入中筹集资金为所有企业提供补贴。

我们假设金融市场是完美的。V 为出售国有企业股票的收入。假设私有化水平为 θ，且为 $1 \geq \theta \geq 0$。政府和私人投资者的利润分成分别为 $(1-\theta)\pi_0$ 和 $\theta\pi_0$。

政府通过设定 s 与 θ，使得社会福利 SW 最大化：

$$SW = CS + (1-\alpha)\sum_{i=1}^{n}\pi_i + \theta\pi_0 - V + (1+\lambda)\left(V + (1-\theta)\pi_0 - s\sum_{i=1}^{n}q_i - sq_0\right) \tag{12.4}$$

政府基于以下两个预期来实现社会福利最大化：(1) 子博弈存在均衡结果，(2) 根据私人投资者的理性和完美股票市场假设有 $V = \theta\pi_0$。

当政府将国有企业进行部分私有化改革时，部分私有化企业的最优问题为：

$$\max_{\{q_0\}}\Omega = \theta\pi_0 + (1-\theta)SW \tag{12.5}$$

其中，θ 为企业决策中利润的权重[①]。本章模型与松村（1998）的区别在于，我们的设定中政府可以通过持股直接控制 θ。完全私有化的企业（当 $\theta = 1$）仅寻求利润；反之，完全国有企业（当 $\theta = 0$）追求社会福利最大化。政府选择补贴率和私有化水平来最大化社会福利。

我们构建了一个两阶段博弈。在博弈的第一阶段，政府决定补贴率和私有化水平。在第二阶段，所有企业参与古诺竞争。我们利用逆向归纳方法推导出子博弈完美纳什均衡。

第三节 外资持股、私有化与社会福利

根据式（12.2）和式（12.5）对 q_i 与 q_0 求偏导后，可以得到以下一阶条

[①] 国有企业可能有其他不同的目标，如利润最大化、收入最大化、员工收入最大化等。

件，进而得到国内民营企业与国有企业的产量：

$$\frac{\partial \pi_i}{\partial q_i} = a + s - q_0 - 2q_i - nq_i = 0 \tag{12.6}$$

$$\frac{\partial \Omega}{\partial q_0} = a + s\theta + a\lambda - a\theta\lambda + (-2 - \theta + 3(-1 + \theta)\lambda)q_0 \cdots$$
$$+ n(-1 + \alpha - \alpha\theta + (-1 + \theta)\lambda)q_i = 0 \tag{12.7}$$

其中 $|H| = \left| \begin{pmatrix} \frac{\partial^2 \Omega}{\partial q_0^2} & \cdots & \frac{\partial^2 \Omega}{\partial q_0 \partial q_i} \\ \vdots & \ddots & \vdots \\ \frac{\partial^2 \Omega}{\partial q_i \partial q_0} & \cdots & \frac{\partial^2 \Omega}{\partial q_i^2} \end{pmatrix} \right| > 0$。根据海塞矩阵正定，二阶条件与博弈的稳定条件由此而满足[①]。

均衡产量为：

$$q_i^*(s, \theta) = \frac{a + 2s + a\theta + (2a + 3s)(1 - \theta)\lambda}{4 + n + n\alpha + 2\theta + n\theta(1 - \alpha) + 2(3 + n)(1 - \theta)\lambda} \tag{12.8}$$

$$q_0^*(s, \theta) = a + s - \frac{(2 + n)(a + 2s + a\theta + (2a + 3s)(1 - \theta)\lambda)}{4 + n + n\alpha + 2\theta + n\theta(1 - \alpha) + 2(3 + n)(1 - \theta)\lambda} \tag{12.9}$$

我们分析得到三种制度的私有化与补贴政策的选择。在 A、B 制度内，政府会仅实施私有化政策或补贴政策。而在 C 制度内，政府会同时施行两种政策。

一、制度 A：仅施行私有化政策

令 $s = 0$ 并将方程（12.8）、方程（12.9）代入方程（12.4）中，随后对 θ 求微分，私有化水平为：

$$\theta^{*A} = \begin{cases} \frac{n(1 - 2\lambda^2 + \alpha(n - 1 + (n - 2)\lambda))}{4 + n(1 + 2(1 - \lambda)\lambda + \alpha(5 + n + (n - 2)\lambda))}, & n > n^A \equiv \frac{\alpha + 2\alpha\lambda + 2\lambda^2 - 1}{\alpha(1 + \lambda)} \\ 0, & n \leq n^A \end{cases}$$
$$\tag{12.10}$$

可以看到，当 λ 很大而 α 很小时，完全国有化是最优的。显然，当民营企

[①] 例如，参见埃特罗（Etro, 2006）。

业数量相对很多时，政府会考虑到市场竞争强度而选择部分私有化。

通过 n^A 对 λ 的求导，我们可以得到 $\frac{\partial n^A}{\partial \lambda} = \frac{1+\alpha+2\lambda(2+\lambda)}{\alpha(1+\lambda)^2} > 0$。当公共资金影子成本增加时，民营企业数量的临界值将会上升。在其他条件相同的情况下，为增加消费者剩余，国有企业完全国有化的可能性将会上升。正如松村和都丸（2013）所指出的，政府在对国有企业进行私有化的过程中面临两个效应。一种是公共资金影子成本（税收负担过重）增加，消费者剩余减少，这是由于民营企业与私有化企业都不愿生产更多的产品，这是私有化的一种消极福利效应。另一种是私有化使两家企业的产量相等（或更接近），从而降低了总成本，这是私有化带来的积极福利效应。私有化能否改善福利取决于哪种效果更强。私有化加剧了公共资金影子成本，减少了消费者剩余，并促使产量从国有企业转向民营企业。前两种效应降低了福利，而后一种效应提高了福利。在我们的框架下，前两种效果占据了主导地位。

根据方程（12.10），我们假定 $2\lambda^2 - 1 > 0$，从而保证 $\alpha \to 0$ 时 $n^A > 0$。通过 θ^{*A} 对 α 求导，我们可以得到 $\frac{\partial \theta^{*A}}{\partial \alpha} = \frac{2\lambda^2 - 1}{n-1+(n-2)\lambda} < 0$。当外资持股比例上升时，最优私有化水平将会随之下降。其背后的经济含义是当民营企业中的外资持有水平较高时，民营企业更像外国企业。这是因为假若民营企业由外资持有的话，它的利润将会从本国移除。这使得政府有提高私有化企业国有化水平的冲动，因此，政府将会降低私有化水平，减少利润向（之前）私有化企业的转移。

二、制度 B：仅施行补贴政策

令 $\theta = 0$ 且将式（12.8）与式（12.9）代入式（12.4），对 s 求偏导，可得最优补贴率：若 $n < n^B \equiv \frac{(2+3\lambda)(-1+2\lambda+6\lambda^2+\alpha(3+6\lambda))}{(1-\alpha)\alpha - (1+2\alpha^2)\lambda - (4+3\alpha)\lambda^2 - 4\lambda^3}$，则：

$$s^{B*} = \frac{a(2-\alpha^2(n+2n\lambda)) + \alpha(n-6-21\lambda-3(6+n)\lambda^2) - \lambda(1+18\lambda(1+\lambda)+n(1+2\lambda)^2))}{(2+3\lambda)((2+3\lambda)(1+3\alpha+4\lambda)+n(1+\alpha^2+2\alpha\lambda+3\lambda(1+\lambda)))} > 0$$

(12.11)

由式（12.11）可知，当民营企业数量相对较少时，由于市场竞争不足，此时需要正的补贴来扩大市场产量。与松村和都丸（2013）一样，公共资金成本越重，最优补贴率越低；而且 λ 非常大时，最优补贴率可能为负数。通过策略互动，国有企业产量减少，民营企业产量上升。由于国有企业的边际成本高于民营企业，从国有企业向民营企业转移产量的产量替代效应提高了生产效率。我们的模型考虑到外资持股和涉及多家民营企业的竞争，从而扩展了他们的模式。

就像松村和都丸（2012）在没有税收负担的混合寡头垄断市场中提到的，最优补贴 s^{B*} 的正负取决于 α 的大小。一方面，因为在混合寡头垄断中，每个民营企业的产量对于国内福利来说都太低了；因此，政府有提高 s 的动机，从而刺激民营企业的产量。另一方面，s 的上升将会导致流向外国投资者的收益增加，从而降低了国内福利。当 n 与 α 较大时，后一种效应更为显著。我们的结果证实了松村和都丸（2012）在税收负担过重的情况下的稳健性。

三、制度 C：施行两种政策

将式（12.8）与式（12.9）代入式（12.4）后，将其对 s 与 θ 求偏导，可以得到最优补贴率与私有化水平：若 $n < n^C \equiv \dfrac{1 - 3\alpha - 2\lambda - 6\alpha\lambda - 6\lambda^2}{\lambda(1+\lambda)}$，则：

$$s^{C*} = \frac{a(1-\alpha(3+6\lambda) - \lambda(2+n+(6+n)\lambda))}{n(1+\lambda)(1+2\lambda)+(2+3\lambda)(1+3\alpha+4\lambda)} > 0 \quad (12.12)$$

$$\theta^{C*} = \frac{n(1+\lambda)}{6+n+n\lambda} < 1 \quad (12.13)$$

我们稍后再解释双重政策的经济含义。现在先得出以下引理。

引理 12.1

（1）当仅实施私有化政策时，q_i^* 随 θ 的增加而增加，而 q_0^* 与 $q_0^* + nq_i^*$ 随 θ 的增加而下降；

（2）当仅实施补贴政策时，q_i^* 与 $q_0^* + nq_i^*$ 随 s 的增加而增加，q_0^* 随 s 的增加而减小；

（3）当实施两种政策时，此时假若外资持股比重相对较小，q_i^* 与 $q_0^* + nq_i^*$

随 s 的增加而增加，q_0^* 随 s 的增加而减小；q_i^* 随 θ 的增加而增加，而 q_0^* 与 $q_0^* + nq_i^*$ 随 θ 的增加而减少。

更高的私有化水平会将私有化企业的产量转移至民营企业，这将会增加民营企业的产量，而国有企业的产量和总产量将下降。因此，私有化政策可以在私有化企业和国内民营企业之间产生福利改善的产量替代效应。即民营企业的产量随 θ 的增加而增加。

此外 s 的增加会降低民营企业的生产成本，进而增加民营企业的产量和总产量。因此，补贴可以产生民营企业产量和总产量的福利改善的产量扩张效应，即民营企业产量和总产量随 s 增长而增长。

当政府施行双重政策，外资持股比例相对较小时，私有化企业的产量随 s 的增加而递减。由于私有化企业与民营企业之间的产量替代效应，民营企业的产量随 θ 的增加而下降。由于产量替代效应将产量从私有化企业转移到民营企业，民营企业的产量和总产量都随 θ 的增加而增加。

我们有以下命题 12.1。

命题 12.1 当政府实施双重政策时，最优私有化政策是部分私有化；若公共资金影子成本相对较高，政府可能会征收生产税。

从命题 12.1 可以看出，$θ^{C*}$ 随着 n 的增加而增加。与德夫拉亚和德尔博诺（De Fraja and Delbono，1989）的结果一样，这意味市场竞争越激烈需要的私有化水平越高。命题 12.1 表明，不论国内民营企业的数量为多少，存在公共资金影子成本时，从福利的观点来看，国有企业部分私有化总是更优的。这与现有文献形成鲜明对比。卡普阿诺和德费奥（2010）的研究表明，在效率收益为零或较大的情况下，当政府的目标函数中存在公共资金影子成本时，效率低下的国有企业不进行私有化改革也依然是最优的。王和陈（2011b）发现在发放最优补贴时，私有化后的福利水平取决于生产效率的差距和超额税收负担的水平。松村和都丸（2013）将最优税收补贴与超额税收负担相比较。他们既关注生产顺序内生时最优税收补贴政策，也关注私有化中立定理。其结论表明，混合寡头垄断模型中的社会福利会由于公共资金影子成本而受到损害并不成立。因此，即使在比较私有化前后的结果时，私有化中立定理也不成立。而他们没有像我们在本章中所做的那样将研究扩展到国有企业与多家民营企业竞争的情况。

将 $θ^{C*}$ 对 λ 求导，可以得到 $\dfrac{\partial θ^{C*}}{\partial λ} = \dfrac{6n}{(6+n+nλ)^2} > 0$。当公共资金影子成本增

加时，私有化水平将会上升，背后的机理与我们在制度 A 中所提及的相同。

通过对 s^{C*} 关于 λ 求导，可得到以下关于公共影子成本和补贴率之间关系的结果：$\dfrac{\partial s^{C*}}{\partial \lambda} = -\dfrac{a(15+n(7+n)+3n\alpha+9\alpha^2+2(4+n)(6+n)\lambda+(6+n)(7+n-3\alpha)\lambda^2)}{(n(1+\lambda)(1+2\lambda)+(2+3\lambda)(1+3\alpha+4\lambda))^2} < 0$。

当公共资金影子成本增加时，由于补贴政策的成本增加，补贴率下降。进一步证明得到，如果公共资金影子成本比较大，政府可能会征收生产税。这一结果与松村和都丸（2013），以及李和王（2018）的一致：s 并不总是正的（即，政府可能会征收生产税）。当 λ 较小时，s 为正；然而，当 λ 很大时，s 则为负。显然更高的公共资金成本会降低最优补贴率，λ 很大时补贴率则为负。

在我们的模型中，存在两种扭曲，因此需要同时使用两种政策工具来处理：第一，国内市场处于寡头垄断竞争形势下，国内民营企业的产量要小于完全竞争下的产量，因此需要产出补贴来刺激民营企业增加产量；第二，对于国有企业而言，它关心的是社会福利，这导致了国有企业有更高的产量和边际成本，因此需要更高水平的私有化来削减国企的产量。

命题12.2 在政府施行私有化政策时，如果外资持有股份在民营企业中所占比例相对较小，则最优私有化水平将随公共资金影子成本的增加而减少；然而，当政府施行双重政策时，私有化的水平则随公共资金影子成本的增加而增加。

当政府施行双重政策时，如果公共资金社会成本比较大，且对于任意比例的外资持股私有化政策和补贴政策互补，那么此时应减少生产补贴，提高私有化水平，以减轻政策的扭曲。然而，政府只施行私有化政策时，由于其更加重视私有化企业的利润，当外资持股在民营企业中所占的份额相对较小时，私有化水平随公共资金影子成本的上升而下降。如引理 12.1 所示，当政府施行私有化政策时，q_i^* 随 θ 的增加而增加，而 q_0^* 与 $q_0^* + nq_i^*$ 随 θ 的增加而下降。一方面，由于私有化政策施行后的产量替代效应，民营企业的产量将会下降。私有化水平越低，私有化企业的利润越高。另一方面，θ 增加将会增加流向外国投资者的收益，从而降低国内福利。当外资持股比例较大时，后一种影响更为显著。因此，当外资持有股份相对较大时，私有化水平随超额税收负担的增加而增加。

这一结果与李和王（2018）的一致：如果公共资金影子成本相对较大时，最优私有化水平将随公共资金影子成本的增加而增加。在这种框架下，公共资金影子成本越高，则补贴政策的成本越高，补贴率就越低，私有化水平就越高。国内生产市场中，产量的补贴诱导效应对总产出的影响逐渐减小，而产量的税收诱导效应对总产出的影响则呈上升趋势。当 λ 相对较小时，在这种情况下，政府更关心消费者剩余。因此，需要较低水平的私有化来提高市场总产量。当 λ 相对较大时，政府对消费者剩余关心会更少；因此，政府会采用更高水平的私有化来提高政府的总收入。但在这一框架下，因为闭关政策政府没有施行税收政策。政策选择中不存在产量的税收诱导效应，政府必须加大私有化水平以降低私有化企业的产量，来缓解私有化企业成本效率低的问题。

我们在之前的分析中假定 $\lambda \in [0, \infty)$，下面我们将考虑当 $\lambda \to \infty$ 时会发生什么情况。通过求 θ^{C*} 与 s^{C*} 的极限我们可以得到：

$$\lim_{\lambda \to \infty} \theta^{C*} = \lim_{\lambda \to \infty} \frac{n(1+\lambda)}{6+n+n\lambda} = 1$$

$$\lim_{\lambda \to \infty} s^{C*} = \lim_{\lambda \to \infty} \frac{a(1-\alpha(3+6\lambda)-\lambda(2+n+(6+n)\lambda))}{n(1+\lambda)(1+2\lambda)+(2+3\lambda)(1+3\alpha+4\lambda)} = -\frac{a}{2}$$

此时，私有化的最优水平为 $\theta = 1$，产出补贴为负 $\left(-\frac{a}{2}\right)$；也就是说，此时政府征收生产税。由于官员们更加重视国有企业利润，而不再关心消费者剩余，政府的目标变为收入（生产税和私有化企业的利润）最大化，并选择完全私有化。

王和陈（2011a）指出，在短期内，在没有补贴政策和公共资金影子成本的情况下，当外资持股比例增加时，政府应加大私有化水平。在他们的框架内，并不是所有民营企业都被外资持有，而其他的未被持有的民营企业将实现产量替代。因此，从福利的角度来看，提高私有化水平是必要的。

其次，我们考虑了外国所有权对私有化水平和补贴的比较静态分析结果。在 λ 为 0 时，我们得到以下命题。

命题 12.3 在施行私有化政策时，外资持股比例与私有化水平呈负相关关系；当施行双重政策时，最优补贴率与外资持股比例呈负相关关系，而私有化水平与外资持股比例无关。

我们的结果与王和陈（2011a）的不同：我们发现当只采用私有化政策时，私有化水平与外资持股比例呈负相关关系。其原因是，外资持股比例越高，本国收益就会加快流向外国投资者，降低国内福利。θ 的减少增加了私有化企业的产量，因此，我们得出私有化的最优水平与外资持股比例呈负相关关系。

如命题 12.2 所述，在部分私有化的混合寡头垄断中施行双重政策时，s 的增加会导致本国受益向外国投资者的流出，降低国内福利，而当 s 较大时这将变得更为显著。因此，最优补贴率与外资持股比例呈负相关关系。

王和都丸（2015）在线性需求和边际成本不变的情况下表明，当 α 较小时，考虑到贸易条件效应，α 增加将刺激国有企业产生更大的生产动机。国有企业的这种侵略性行为会增加国内企业的生产总成本。通过贸易条件效应和利润激励效应，θ 的减少将使得国有企业降低产出。因此，为了降低由于生产成本增加所带来的福利损失，政府会在 α 增加的时候降低 θ。如果 α 的取值介于中间水平，国有企业就会由于贸易条件效应而超额生产。因此，α 的上升将会使得价格下降，国有企业利润为负。然而，如果 α 足够大，α 的增加使得红利对福利的影响可以忽略不计，因此，只有消费者剩余对福利起作用。政府选择完全国有化，由于国有企业更大的生产动机，消费者剩余得到改善。

但是，在补贴政策导致边际成本增加的情况下，国有企业关心社会福利就导致更多的产出与更高的边际成本，这就需要更高水平的私有化来降低国有企业的产出。部分私有化的效果弥补了国有企业生产过剩所导致的成本低效率问题。尽管 α 的增加会加剧生产者剩余流出到外国投资者手中，降低国内福利，但较低的补贴率会缓解生产者剩余流出。私有化企业的产量随 α 的增加而增加，而民营企业的产量随 α 的增加而减少。因此，私有化水平与外资持股比例无关。

为了了解伴随私有化政策政府将会采取生产补贴还是生产税，我们在 λ = 0 时得到下面的命题。

命题 12.4　当采用补贴政策时，若民营企业数量相对较少，外资持股比例随最优补贴率的增加而下降；当采用双重政策时，外资持股比例随最优补贴率的增加而下降。

如命题 12.3 所述，α 的增加会加剧收益向外国投资者的流出，从而降低国内福利，但较低的补贴率缓解了生产者剩余的流出。在我们的模型中，从福利的角度来看，生产补贴和部分私有化政策应同时被施行[①]。

然而，当采用补贴政策时，如果民营企业的数量相对较少，则最优补贴率与外资持股比例呈负相关关系。这与松村和都丸（2013）的研究一致，他们发

[①]　同样的结果可以在存在外资持有存在的情况下林和松村（2018）以及存在内生成本不对称的都丸和王（2018）中看到。

现，如果民营企业数量相对较少，那么最优补贴率与外资持股比例呈负相关关系。当民营企业的数量较大时，$\left.\dfrac{\partial s^{B*}}{\partial \alpha}\right|_{\lambda=0}$ 的正负是不明确的。国有企业的产出随 α 的增加而增加。而当 α 十分大时，国有企业利润可能为负。这种情况下，最优的补贴率 s^{B*} 将为负，也就是说政府将会对所有企业征收税收。回忆前面所提到的：当 α 上升时，国有企业为了提高贸易效应会变得更具有侵略性。

第四节　政策选择比较与社会福利

我们比较了最优补贴、私有化水平以及三种制度下相对应的福利水平。计算结果如下：

$$SW^{*A} = \frac{a^2((2+n)^2 + (8+n(7+n-3\alpha))\lambda + 4\lambda^2)}{2(8+12\lambda+n(5+n+3\alpha+(8+n)\lambda))}$$

$$SW^{*B} = \frac{a^2(1+\lambda)^2((2+3\lambda)(1+3\alpha+4\lambda)+n(2+\alpha^2+2\alpha\lambda+\lambda(5+4\lambda)))}{2(2+3\lambda)((2+3\lambda)(1+3\alpha+4\lambda)+n(2+\alpha^2+2\alpha\lambda+3\lambda(1+\lambda)))}$$

$$SW^{*C} = \frac{a^2(1+\lambda)^2(1+n+3\alpha+(4+n)\lambda)}{2(n(1+\lambda)(1+2\lambda)+(2+3\lambda)(1+3\alpha+4\lambda))}$$

首先，我们比较最优补贴率与私有化水平，从而得到下面的命题。

命题 12.5　假设需求为线性，企业成本为二次式，三种制度下的最优补贴率与私有化水平具有以下的性质：

(1) $s^{C*} < s^{B*}$；

(2) 若 $\alpha > \dfrac{1-\lambda(2+n+(6+n)\lambda)}{3+6\lambda}$，$\theta^{C*} > \theta^{*A}$。

下面我们将解释命题 12.5 背后的机理。由于公共资金影子成本与外资持股的存在，补贴的社会成本很高，而私有化的社会成本相对来说比较低。因此，双重政策下的最优补贴率更低。

当外资持股比例较高时，会降低 A 制度下的私有化水平。而在 B 制度下，政府可以利用较低的补贴率来缓解外资持股的负面影响。因此，外资所有权比例越高，私有化水平将不再会受到影响，表现为 $\theta^{C*} > \theta^{*A}$。应当指出，A 制度中最优私有化水平可能是完全国有,而 B 制度中则一定为部分私有化。

其次,我们比较了三种制度下的福利水平,得到它们的排序。无论 α 和 λ 多大,双重政策下的福利水平都是最高的。

命题 12.6 假设需求是线性的,企业的成本是二次式,且 $\lambda > 0$。那么我们有 $SW^{C*} > \max\{SW^{*A}, SW^{B*}\}$。

制度 A 是补贴率为 0 时的约束均衡,制度 B 也是私有化水平为 0 时的约束均衡。如上所述,我们的框架存在两种扭曲:(1)国内民营企业的总产出低于完全竞争下的总产出;(2)国企效率低于民企。每个政策目标都只需要一个政策工具。很显然,A 和 B 制度的社会福利将低于 C 制度。

第五节 结 论

本章基于一个考虑外资持股的混合寡头垄断模型,研究公共资金影子成本和市场竞争如何影响存在策略性税收/补贴政策时的私有化政策。本章发现两个主要结论:(1)当政府施行双重政策时,私有化政策是部分私有化,如果公共资金影子成本较大,政府将会征收生产税;(2)在政府仅施行私有化政策时,如果外国投资者在民营企业的持股比例相对较小,则私有化水平与公共资金影子成本呈负相关关系;然而,当政府施行双重政策时,私有化水平与公共资金影子成本呈正相关关系。此外,我们还指出外资持股比例对私有化和补贴政策的影响取决于成本结构、所有权类型、企业分布以及政策组合。

在本研究中,我们假设所有民营企业的部分股份都由外资持有。李和王(2018)考虑了由于本国的开放政策,与本国企业具有竞争关系的外企进入对补贴、关税和私有化政策的影响。如果允许外国投资者同时投资国有企业和民营企业,且持股比例相同或不相同,结果是否会发生变化将是一个值得继续研究的话题[①]。

---

① 林和松村(2012)研究了私有化国有企业中的外资持有问题。

本 章 附 录

引理 12.1 的证明：

制度 A：仅私有化政策被采用。

我们得到 $s=0$ 时，对 $\theta=\theta^{*A}$ 的比较静态分析：

$$\frac{\partial q_i^*(s,\theta)}{\partial \theta} = \frac{2(a+an\alpha-s(2+n(1-\alpha+\lambda)3\lambda))}{(4+n+n\alpha+2\theta+n\theta(1-\alpha)+2(3+n)(1-\theta)\lambda)^2}$$

$$= \frac{a(4+n(1-2(-1+\lambda)\lambda+\alpha(5+n+(-2+n)\lambda)))^2}{2(1+n\alpha)(8+12\lambda+n(5+n+3\alpha+(8+n)\lambda))^2} > 0$$

$$\frac{\partial q_0^*(s,\theta)}{\partial \theta} = -\frac{2(2+n)(a+an\alpha-s(2+n(1-\alpha+\lambda)3\lambda))}{(4+n+n\alpha+2\theta+n\theta(1-\alpha)+2(3+n)(1-\theta)\lambda)^2}$$

$$= -\frac{a(4+n(1-2(-1+\lambda)\lambda+\alpha(5+n+(-2+n)\lambda)))^2}{2(1+n\alpha)(8+12\lambda+n(5+n+3\alpha+(8+n)\lambda))^2} < 0$$

$$\frac{\partial Q^*(s,\theta)}{\partial \theta} = \frac{4(2+n)s-4(a+n(a+s)\alpha)+4(3+n)s\lambda}{(4+n+n\alpha+2\theta+n\theta(1-\alpha)+2(3+n)(1-\theta)\lambda)^2}$$

$$= -\frac{a(4+n(1-2(-1+\lambda)\lambda+\alpha(5+n+(-2+n)\lambda)))^2}{(1+n\alpha)(8+12\lambda+n(5+n+3\alpha+(8+n)\lambda))^2} < 0$$

政策 B：仅补贴政策被采用。

我们得到 $\theta=0$ 时的比较静态分析：

$s=s^{B*}$

$$= \frac{\begin{aligned}a(2-\alpha^2(n+2n\lambda)+\alpha(n-6-21\lambda-3(6+n)\lambda^2)-\\ \lambda(1+18\lambda(1+\lambda)+n(1+2\lambda)^2))\end{aligned}}{(2+3\lambda)((2+3\lambda)(1+3\alpha+4\lambda)+n(1+\alpha^2+2\alpha\lambda+3\lambda(1+\lambda)))} \frac{\partial q_i^*(s,\theta)}{\partial s}$$

$$= \frac{2+3(1-\theta)\lambda}{4+n+n\alpha+2\theta+n\theta(1-\alpha)+2(3+n)(1-\theta)\lambda} = \frac{2(a+an\alpha)}{(4+n+n\alpha+2(3+n)\lambda)^2} > 0$$

$$\frac{\partial q_0^*(s,\theta)}{\partial s} = 1 - \frac{(2+n)(2+3(1-\theta)\lambda)}{4+n+n\alpha+2\theta+n\theta(1-\alpha)+2(3+n)(1-\theta)\lambda}$$

$$= -\frac{2a(2+n)(1+\lambda)(\alpha+\lambda)(6+9\lambda+n(1+\alpha+2\lambda))}{(2+3\lambda)(4+n+n\alpha+2(3+n)\lambda)((2+3\lambda)(1+3\alpha+4\lambda)+n(1+\alpha^2+2\alpha\lambda+3\lambda(1+\lambda)))} < 0$$

$$\frac{\partial Q^*(s,\theta)}{\partial s} = \frac{2\theta + n(1+\alpha+\theta(1-\alpha)+2\lambda(1-\theta))}{4+n+n\alpha+2\theta+n\theta(1-\alpha)+2(3+n)(1-\theta)\lambda}$$

$$= -\frac{4a(1+\lambda)(\alpha+\lambda)(6+9\lambda+n(1+\alpha+2\lambda))}{(2+3\lambda)(4+n+n\alpha+2(3+n)\lambda)((2+3\lambda)(1+3\alpha+4\lambda)+n(1+\alpha^2+2\alpha\lambda+3\lambda(1+\lambda)))} > 0$$

政策 C：双重政策被采用。

我们对 $s=s^*$，$\theta=\theta^*$ 进行比较静态分析：

$$\frac{\partial q_i^*(s,\theta)}{\partial s} = \frac{2+3(1-\theta)\lambda}{4+n+n\alpha+2\theta+n\theta(1-\alpha)+2(3+n)(1-\theta)\lambda}$$

$$= \frac{6+n+(9+n)\lambda}{12+6n+n^2+3n\alpha+(3+n)(6+n)\lambda} > 0$$

$$\frac{\partial q_0^*(s,\theta)}{\partial s} = 1 - \frac{(2+n)(2+3(1-\theta)\lambda)}{4+n+n\alpha+2\theta+n\theta(1-\alpha)+2(3+n)(1-\theta)\lambda}$$

$$= \frac{n(3\alpha-2(1+\lambda))}{12+6n+n^2+3n\alpha+(3+n)(6+n)\lambda} < 0$$

若 $\alpha < \frac{2(1+\lambda)}{3}$，

$$\frac{\partial Q^*(s,\theta)}{\partial s} = \frac{2\theta+n(1+\alpha+\theta(1-\alpha)+2\lambda(1-\theta))}{4+n+n\alpha+2\theta+n\theta(1-\alpha)+2(3+n)(1-\theta)\lambda}$$

$$= \frac{n(4+n+3\alpha+(7+n)\lambda)}{12+6n+n^2+3n\alpha+(3+n)(6+n)\lambda} > 0$$

$$\frac{\partial q_i^*(s,\theta)}{\partial \theta} = \frac{2(a+an\alpha-s(2+n(1-\alpha+\lambda)3\lambda))}{(4+n+n\alpha+2\theta+n\theta(1-\alpha)+2(3+n)(1-\theta)\lambda)^2}$$

$$= \frac{a(1+\lambda)(\alpha+\lambda)(6+n+n\lambda)^2}{2(12+6n+n^2+3n\alpha+(3+n)(6+n)\lambda)(n(1+\lambda)(1+2\lambda)+(2+3\lambda)(1+3\alpha+4\lambda))} > 0$$

$$\frac{\partial q_0^*(s,\theta)}{\partial \theta} = -\frac{2(2+n)(a+an\alpha-s(2+n(1-\alpha+\lambda)3\lambda))}{(4+n+n\alpha+2\theta+n\theta(1-\alpha)+2(3+n)(1-\theta)\lambda)^2}$$

$$= -\frac{a(2+n)(1+\lambda)(\alpha+\lambda)(6+n+n\lambda)^2}{2(12+6n+n^2+3n\alpha+(3+n)(6+n)\lambda)(n(1+\lambda)(1+2\lambda)+(2+3\lambda)(1+3\alpha+4\lambda))} < 0$$

$$\frac{\partial Q^*(s,\theta)}{\partial \theta} = \frac{4(2+n)s-4(a+n(a+s)\alpha)+4(3+n)s\lambda}{(4+n+n\alpha+2\theta+n\theta(1-\alpha)+2(3+n)(1-\theta)\lambda)^2}$$

$$= -\frac{a(1+\lambda)(\alpha+\lambda)(6+n+n\lambda)^2}{(12+6n+n^2+3n\alpha+(3+n)(6+n)\lambda)(n(1+\lambda)(1+2\lambda)+(2+3\lambda)(1+3\alpha+4\lambda))} < 0$$

命题 12.2 的证明:

分别对 θ^{A*}、θ^{C*} 与 s^{C*} 关于 λ 求导可得:

$$\frac{\partial \theta^{A*}}{\partial \lambda} = \frac{2n(-4(\alpha+2\lambda)+n(-1+3(-2+n)\alpha^2-2\lambda^2-\alpha(-3+n+12\lambda)))}{(4+n(1-2(-1+\lambda)\lambda+\alpha(5+n+(-2+n)\lambda)))^2} < 0。$$

当 $\alpha < \alpha \equiv \dfrac{4+n(-3+n+12\lambda)+\sqrt{\begin{array}{c}16+n(n^3-24(1+4\lambda)+6(n+2n\lambda)^2+\\ n(-7+24\lambda(1+4\lambda)))\end{array}}}{6(-2+n)n}$

我们有

$$\frac{\partial \theta^{C*}}{\partial \lambda} = \frac{6n}{(6+n+n\lambda)^2} > 0,$$

$$\frac{\partial s^{C*}}{\partial \lambda} = -\frac{\begin{array}{c}a(15+n(7+n)+3n\alpha+9\alpha^2+2(4+n)(6+n)\lambda+\\(6+n)(7+n-3\alpha)\lambda^2)\end{array}}{(n(1+\lambda)(1+2\lambda)+(2+3\lambda)(1+3\alpha+4\lambda))^2} < 0$$

命题 12.3 的证明:

分别对 θ^{A*}, θ^{C*} 与 s^{C*} 关于 α 求导,可得:

$$\left.\frac{\partial \theta^{A*}}{\partial \alpha}\right|_{\lambda=0} = -\frac{2n(2+n)}{(4+n+n(5+n)\alpha)^2} < 0,$$

$$\left.\frac{\partial \theta^{C*}}{\partial \alpha}\right|_{\lambda=0} = 0, \quad \left.\frac{\partial s^{C*}}{\partial \alpha}\right|_{\lambda=0} = -\frac{3\alpha(4+n)}{(n+2)^2} < 0。$$

命题 12.4 的证明:

我们有

$$\left.\frac{\partial s^{B*}}{\partial \alpha}\right|_{\lambda=0} = -\frac{a(24+n(4+8\alpha+n(-1+\alpha(2+\alpha))))}{2(2+n+6\alpha+n\alpha^2)^2} < 0$$

若 $n < -\dfrac{(2+3\lambda)(-1+2\lambda+6\lambda^2+\alpha(3+6\lambda))}{(-1+\alpha)\alpha+\lambda+2\alpha^2\lambda+(4+3\alpha)\lambda^2+4\lambda^3}$,

$$\left.\frac{\partial s^{C*}}{\partial \alpha}\right|_{\lambda=0} = -\frac{3a(4+n)}{(n+2)^2} < 0, \quad \left.\frac{\partial \theta^{C*}}{\partial \alpha}\right|_{\lambda=0} = 0$$

命题 12.5 的证明:

经过计算可得:

$$s^{C*}-s^{B*} = \frac{-an(1+\lambda)^2(\alpha+\lambda)(n(1-\alpha+\lambda)(1+\lambda)+(1+\alpha+2\lambda)(2+3\lambda))}{(2+3\lambda)(n(1+\lambda)(1+2\lambda)+(2+3\lambda)(1+3\alpha+4\lambda))((2+3\lambda)(1+3\alpha+4\lambda)+n(1+\alpha^2+2\alpha\lambda+3\lambda(1+\lambda)))} < 0。$$

若 $\alpha > \dfrac{1-\lambda(2+n+(6+n)\lambda)}{3+6\lambda}$

$$\theta^{C*} - \theta^{*A} = \frac{2n(-1+\alpha(3+6\lambda)+\lambda(2+n+(6+n)\lambda))}{(6+n+n\lambda)(4+n(1-2(-1+\lambda)\lambda+\alpha(5+n+(-2+n)\lambda)))} > 0$$

命题 12.6 的证明：

$$SW^{*A} - SW^{*B} = \frac{1}{2}a^2 \Big(\frac{(2+n)^2 + (8+n(7+n-3\alpha)\lambda+4\lambda^2)}{8+12\lambda+n(5+n+3\alpha+(8+n)\lambda)}$$
$$- \frac{(1+\lambda)^2((2+3\lambda)(1+3\alpha+4\lambda)+n(2+\alpha^2+2\alpha\lambda+\lambda(5+4\lambda)))}{(2+3\lambda)((2+3\lambda)(1+3\alpha+4\lambda)+n(2+\alpha^2+2\alpha\lambda+3\lambda(1+\lambda)))} \Big)$$

$$SW^{*A} - SW^{C*} = -\frac{a^2 n(-1+\alpha(3+6\lambda)+\lambda(2+n+(6+n)\lambda))^2}{2(n(1+\lambda)(1+2\lambda)+(2+3\lambda)(1+3\alpha+4\lambda))} < 0$$
$$(8+12\lambda+n(5+n+3\alpha+(8+n)\lambda))$$

$$SW^{*B} - SW^{C*} = -\frac{a^2 n^2 (1+\lambda)^4 (\alpha+\lambda)^2}{2(2+3\lambda)(n(1+\lambda)(1+2\lambda)+(2+3\lambda)(1+3\alpha+4\lambda))} < 0$$
$$((2+3\lambda)(1+3\alpha+4\lambda)+n(1+\alpha^2+2\alpha\lambda+3\lambda(1+\lambda)))$$

参考文献

[1] 白重恩、路江涌、陶志刚：《国有企业改制效果的实证研究》，载《经济研究》2006 年第 8 期。

[2] 陈林、王凤生：《混合寡头理论研究进展》，载《经济学动态》2017 年第 1 期。

[3] 程凤朝、李莉：《如何高质量实现国企混合所有制改革》，载《清华管理评论》2018 年第 9 期。

[4] 丁任重：《论国有企业经营方式的改革》，载《贵州社会科学》1988 年第 7 期。

[5] 耿强、江飞涛、傅坦：《政策性补贴、产能过剩与中国的经济波动——引入产能利用率 RBC 模型的实证检验》，载《中国工业经济》2011 年第 5 期。

[6] 郭葆春、柯浔：《金融业交叉持股动因与路径及其效应——基于平安集团与深发展案例分析》，载《管理现代化》2012 年第 6 期。

[7] 韩丽华：《外国企业的技术溢出限制公有企业的私有化——基于混合寡头理论的分析》，载《山东大学学报（哲学社会科学版）》2010 年第 5 期。

[8] 林华：《上市公司与券商相互持股问题的实证研究——来自中国沪市 A 股的经验证据》，载《上海经济研究》2006 年第 10 期。

[9] 林水源：《近年来苏联所有制形式和经营方式的若干变化》，载《世界经济》1985 年第 10 期。

[10] 刘长庚、张磊：《理解"混合所有制经济"：一个文献综述》，载《政治经济学评论》2016 年第 6 期。

[11] 马龙：《上市公司交叉持股对证券市场的影响分析》，载《河北经贸大学学报》2008 年第 10 期。

[12] 裴桂芬：《中国上市公司交叉持股的思考——从日本交叉持股谈起》，载《广东社会科学》2008 年第 4 期。

[13] 綦好东、郭骏超、朱炜：《国有企业混合所有制改革：动力、阻力与实现路径》，载《管理世界》2017年第10期。

[14] 秦俊、朱方明：《我国上市公司间交叉持股的现状与特征》，载《财经论丛》2009年第3期。

[15] 冉明东：《论企业交叉持股的"双刃剑效应"——基于公司治理框架的案例研究》，载《会计研究》2011年第5期。

[16] 沈坤荣：《外国直接投资与中国经济增长》，载《管理世界》1999年第5期。

[17] 唐清泉、罗党论：《政府补贴动机及其效果的实证研究——来自中国上市公司的经验证据》，载《金融研究》2007年第6期。

[18] 王红领、李稻葵、雷鼎鸣：《政府为什么会放弃国有企业的产权》，载《经济研究》2001年第8期。

[19] 谢迟、向洪金：《关税和补贴对国企国有股份最优占比的影响——基于混合寡占理论分析》，载《经济数学》2015年第4期。

[20] 许召元、张文魁：《国企改革对经济增速的提振效应研究》，载《经济研究》2015年第4期。

[21] 叶光亮、邓国营：《最优关税和部分私有化战略——产品差异的混合寡头模型》，载《经济学（季刊）》2010年第2期。

[22] 殷军、皮建才、杨德才：《国有企业混合所有制的内在机制和最优比例研究》，载《南开经济研究》2016年第1期。

[23] 于左、彭树宏：《部分交叉所有权、默契合谋与中国进口铁矿石定价权缺失》，中国产业组织前沿论坛会议，2010年。

[24] 张汉江、宫旭、廖家旭：《线性需求供应链中企业交叉持股的定价和绩效变化研究》，载《中国管理科学》2010年第6期。

[25] 张晓远、韩玉斌：《交叉持股的法律规制》，载《重庆社会科学》2005年第7期。

[26] 张卓元：《中国国有企业改革三十年：重大进展、基本经验和攻坚展望》，载《经济与管理研究》2008年第8期。

[27] 章运新、李飞：《经济体制改革与所有制结构的调整》，载《南开经济研究》1985年第4期。

[28] 赵翠:《上市公司交叉持股的股价效应研究》,河北大学博士论文,2012年。

[29] Allen, J. W., and Phillips, G. M., (2000): "Corporate equity ownership, strategic alliances, and product market relationships," *The Journal of Finance*, 55 (6): 2791 – 2815.

[30] Alley, W. A., (1997): "Partial ownership arrangements and collusion in the automobile industry," *Journal of Industrial Economics*, 45 (2): 191 – 205.

[31] Amundsen, E. S., and Bergman, L., (2000): "Will cross-ownership reestablish market power in the noedie power market?" *The Energy Journal*, 23 (2): 73 – 95.

[32] Barcena-Ruiz, J. C., (2007): "Endogenous timing in a mixed duopoly: Price competition," *Journal of Economics*, 91 (3): 263 – 272.

[33] Barro, R. J., andSala-i-Martin, X. I. (1995): "Economic growth," Mc Graw Hill, New York.

[34] Bennett J., and La Manna, M., (2012): "Mixed oligopoly, public firm behavior, and free private entry," *Economics Letters*, 117: 767 – 769.

[35] Berger A. N., Clarke, G. R. G., Cull, R., Klapper, L., and Udell, G. F., (2005): "Corporate governance and bank performance: a joint analysis of the static, selection, and dynamic effects of domestic, foreign, and state ownership," *Journal of Banking and Finance*, 29: 2179 – 2221.

[36] Bhagwati, J. N., and Brecher, R. A., (1980): "National welfare in an open economy in the presence of foreign-owned factors," *Journal of International Economics*, 10: 103 – 115.

[37] Bos D., (1991): "Privatization: A theoretical treatment," Oxford: Clarendon Press: 281 – 285.

[38] Bradbury, M. E., and Calderwood, S. C., (1988): "Equity Accounting for Reciprocal Stockholdings", *The Accounting Review*, 6: 330 – 347.

[39] Brandao, A., and Castro, S., (2007): "State-owned enterprises as indirect instruments of entry Regulation," *Journal of Economics*, 92: 263 – 274.

[40] Brander, J. A., and Spencer, B. J., (1984): "*Tariff protection and im-

perfect competition. In H. Kierzkowski（ed.）, monopolistic competition and international trade," Oxford: Oxford University Press: 194 – 206.

［41］Brander, J. A., and Spencer, B. J., (1985): "Export subsidies and international market share rivalry," *Journal of International Economics*, 18: 83 – 100.

［42］Brecher, R. A., and Bhagwati, J. N., (1981): "Foreign ownership and the theory of trade and welfare," *Journal of Political Economy*, 89: 497 – 511.

［43］Brecher, R. A., and Findlay, R. (1983): "Tariffs, foreign capital and national welfare with sector specific factors," *Journal of International Economics*, 14: 277 – 288.

［44］Brito, D., Cabral, L., and Vasconcelos, H., (2014): "Divesting ownership in a rival." *International Journal of Industrial Organization*, 34, 9 – 24.

［45］Cadot, O., De Melo, J., and Olarreaga, M., (1999): "Regional Integration and Lobbying for Tariffs Against Nonmembers," *International Economic Review*, 40 (3): 635 – 658.

［46］Capuano, C., and De Feo, G., (2010): "Privatization in oligopoly: The impact of the shadow cost of public funds," *Rivista Italiana Degli Economisti*, 15: 175 – 208.

［47］Cato, S., (2011): "*Privatization policy and cost-reducing investment by the private sector*," The Manchester School, 79: 1157 – 1178.

［48］Cato, S., (2012): "The efficiency of the state-owned firm and social welfare: a note," *Bulletin of Economic Research*, 64: 275 – 285.

［49］Cato, S., and Matsumura, T., (2012): "Long-run effects of foreign penetration on privatization policies," *Journal of Institutional and Theoretical Economics*, 168: 444 – 454.

［50］Cato, S., and Oki, R., (2012): "Leaders and competitors," *Journal of Economics*, 107 (3): 239 – 255.

［51］Chao, C. C., and Yu, E. S. H., (1999): "Profit sharing and international capital mobility in developing countries," *Review of International Economics*, 7 (4): 744 – 752.

［52］Chao, C. C. and Yu, E. S. H., (2006): "Partial privatization, foreign competition, and optimum tariff," *Review of International Economics*, 14 (1): 87 – 92.

[53] Chen, Y., and Riordan, M., (2008): "Price-increasing competition," *RAND Journal of Economics*, 39: 1042 – 1058.

[54] Chen, Y. W., Yang, Y. P., Wang, L. F. S. and Wu, S. J., (2014): "Technology licensing in mixed oligopoly," *International Review of Economics and Finance*, 31: 193 – 204.

[55] Choi K., (2011): "Strategic budget constraints in a unionized mixed oligopoly," *Japanese Economic Review*, 62: 504 – 516.

[56] Chang, W. W., (2005): "Optimal Trade and Privatization Policies in an International Duopoly with Cost Asymmetry," *The Journal of International Trade and Economic Development*, 14 (1): 19 – 42.

[57] Clayton, M. J., and Jorgensen, B. N., (2005): "Optimal cross holding with externalities and strategic interactions," *Journal of Business*, 78 (4), 1505 – 1522.

[58] Colombo, S., (2012): "A comment on welfare reducing licensing," *Games and Economic Behavior*, 76: 515 – 518.

[59] Colombo, S., and Filippini, L., (2015): "Patent licensing with Bertrand competitors," *Manchester School*, 83 (1): 1 – 16.

[60] Corneo G, and Jeanne O., (1994): "Oligopole mixte dans un marché commun," *Annales d'économie et de statistique*, 33 (33).

[61] Cremer, H., Marchand, M., and Thisse, J. F., (1989): "The public firm as an instrument forregulating an oligopolistic market," *Oxford Economic Papers*, 41: 283 – 301.

[62] De Fraja, G., and Delbono, F., (1989): "Alternative strategies of a public enterprise in oligopoly," *Oxford Economic Papers*, 41: 302 – 311.

[63] De Meza, D., (1986): "Export subsidies and high productivity: cause or effect?" *Canadian Journal of Economics*, 19: 347 – 350.

[64] Dietzenbacher, E., Smid, B., and Volkerink, B., (2000): "Horizontal intergration in the dutch financial sector," *International Journal of Industrial Organization*, 18 (8): 1223 – 1242.

[65] Duarte, B., Luís, C., and Helder, V., (2014): "Divesting ownership in arival," *International Journal of Industrial Organization*, 34: 9 – 24.

[66] Eato J, and Grossman G. M., (1986): "Optimal trade and industrial policy under oligopoly," *Quarterly Journal of Economics*, 101: 383 – 406.

[67] Etro, F., (2006): "Aggressive leaders," *RAND Journal of Economics*, 37, 146 – 154.

[68] European Commission, (2014): "White Paper: Towards More Eective EU Merger Control." Brussels, 9.7.2014. COM (2014) 449 final.

[69] Fan, C., Byouny, H. J., and Wlmar, G. W., (2018): "Per unit vs. ad valorem royalty licensing," *Economics Letters*, 170: 71 – 75.

[70] Fanti, L., and Gori, L., (2011): "Cross-Ownership and Stability in a Cournot Duopoly,". University of Pisa Working Paper.

[71] Fanti, L., and Gori, L., (2013): "Stability Analysis in a Bertrand Duopoly with Different Product Quality and Heterogeneous Expectations," *Journal of Industry, Competition and Trade*, 13 (4): 481 – 501.

[72] Farrell, J., and Shapiro, C., (1990): "Asset ownership and market structure in oligopoly," *The Rand Journal of Economics*, 21 (2): 275 – 292.

[73] Fauli-Oller, R., and Sandonis, J., (2002): "Welfare reducing licensing," *Games and Economic Behavior*, 41: 192 – 205.

[74] Filippini, L., (2005): "Licensing contract in a Stackelberg model," *Manchester School*, 73: 582 – 598.

[75] Fiocco, R., (2016): "The Strategic Value of Partial Vertical Integration," *European Economic Review*, 89: 284 – 302.

[76] Fjell, K., and Pal, D., (1996): "A mixed oligopoly in the presence of foreign private firms," *Canadian Journal of Economics*, 29 (3): 737 – 743.

[77] Fjell, K., and Heywood, J. S., (2002): "Public Stackelberg leadership in a mixed oligopoly with foreign firms," *Australian Economic Papers*, 41: 267 – 281.

[78] Fjell, K., and Heywood, J. S., (2004): "Mixed oligopoly, subsidization and the order of firm's moves: the relevance of privatization," *Economics Letters*,

83 (3): 411-416.

[79] Flath, D., (1989): "Vertical integration by means of shareholding interlocks," *International Journal of Industrial Organization*, 7 (3): 369-380.

[80] Flath, D., (1991): "When is it rational for firms to acquire silent interests in rivals?" *International Journal of Industrial Organization*, 9 (4): 573-583.

[81] Flath, D., (1996): "The Keiretsu Puzzle," *Journal of the Japanese and International Economies*, 10 (2): 101-121.

[82] Fry, M. J., (1995): "Foreign direct investment in Southeast Asia, differential impacts," ASEAN Economic Research Unit, Institute of Southeast Asian Studies.

[83] Fudenberg, D., and Tirole, J., (2000): "Pricing a network good to deter entry," *The Journal of Industrial Economics*, 48: 373-390.

[84] Fujiwara, K., (2007): "Partial privatization in a differentiated mixed oligopoly," *Journal of Economics*, 92 (1): 51-65.

[85] Gallini, N. T., and Winter, R. A., (1985): "Licensing in the Theory of Innovation," *RAND Journal of Economics*, 16 (2): 237-252.

[86] Gans, J., and Quiggin, J., (2003): "A technological and organisational explanation of the size distribution of firms," *Small Business Economics*, 21: 243-256.

[87] Ghosh, A., Lim, J., and Morita, H., (2010): "Free entry and social efficiency in an open economy," Mimeo, University of New South Wales.

[88] Ghosh, A., Mitra, M., and Saha, B., (2015): "Privatization, underpriting and welfare in the presence of foreign competition," *Journal of Public Economic Theory*, 17: 433-460.

[89] Ghosh, A., and Morita, H., (2007a): "Free entry and social efficiency under vertical oligopoly," *The Rand Journal of Economics*, 38: 541-554.

[90] Ghosh, A., and Morita, H., (2007b): "Social desirability of free entry: a bilateral oligopoly analysis," *International Journal of Industrial Organization*, 25: 925-934.

[91] Gilo, D., Spiegel, Y., and Temurshoev, U., (2013): "Partial Cross

Ownership and Tacit Collusion under Cost Asymmetries," Tel-Aviv University Working Paper.

[92] Gil-Molto, M. J., Poyago-Theotoky, J., and Zikos, V., (2011): "R&D subsidies, spillovers and privatization in mixed markets," *Southern Economic Journal*, 78 (1): 233-255.

[93] Gilo, D., Moshe, Y., and Spiegel, Y., (2006): "Partial cross ownership and tacit Collusion," Rand J. Econ., 37 (1): 81-99.

[94] Greenlee, P., and Raskovich, A., (2006): "Partial vertical ownership," *European Economic Review*, 50 (4): 1017-1041.

[95] Hamilton, J. H., and Slutsky, S. M., (1990): "Endogenous timing in duopoly games: Stackelberg or Cournot equilibria," *Games and Economic Behavior*, 2: 29-46.

[96] Han L. H., (2012): "*Strategic privatization and trade policies in an international mixed oligopoly*", The Manchester School, 80: 2580-2602

[97] Han, L., and Ogawa, H., (2008): "Economic integration and strategic privatization in an international mixed oligopoly," FinanzArchiv/ Public Finance Analisis, 64: 352-363.

[98] Han, L., and Ogawa, H., (2009): "Partial privatization, technology spillovers, and foreign ownership restriction," Review of Urban and Regional Development Studies, 21: 37-49.

[99] Hansen, R. G., and Lott, J. J. R., (1995): "Profiting from induced changes in competitors' market values: The case of entry and entry deterrence," *Journal of Industrial. Economics*, 43 (3): 261-276.

[100] Haraguchi, J., and Matsumura, T. (2018): "Implicit protectionism via state enterprises and technology transfer from foreign enterprises," Germany: University Library of Munich. MPRA Paper, 88564.

[101] Hashimzade, N., Khodavaisi, H., and Myles, G. D., (2011): "Uniform versus discriminatory tariffs," *Review of Development Economics*, 15: 403-416.

[102] Hashimzade, N., Khodavaisi, H., and Myles, G. D., (2007): "An

irrelevance result with differentiated goods," *Economics Bulletin*, 8 (2): 1 – 7.

[103] Hausman, J., and Leibtag, E., (2007): "Consumer benefits from increased competition in shopping outlets: measuring the effect of Wal-Mart," *Journal of Econometrics*, 7: 1157 – 1177.

[104] Heywood, J. S., Li, J., and Ye, G., (2014): "Per unit vs. ad valorem royalties under asymmetric information," *International Journal of Industrial Organization*, 37: 38 – 46.

[105] Hunold, M., and Stahl, K., (2016): "Passive vertical integration and strategic delegation," *Rand Journal of Economics*, 47 (4): 891 – 913.

[106] Hwang, H., and Mai, C. C. (1991): "Optimal discriminatory tariffs under oligopolistic competition," *Canadian Journal of Economics*, 24: 693 – 702.

[107] Ino, H., and Matsumura, T. (2010): "What role should public enterprises play in free entry markets," *Journal of Economics*, 101: 213 – 230.

[108] Ishibashi, I., and Matsumura, T. (2006), "R&D competition between public and private sectors," *European Economic Review*, 50 (6): 1347 – 1366.

[109] Ishibashi, K. and Kaneko T., (2008), "Partial privatization in mixed duopoly with price and quality competition", *Journal of Economics* 95 (3): 213 – 231.

[110] Ishida J., and Matsushima N., (2009): "Should civil servants be restricted in wage bargaining? a mixed-duopoly Approach," *J Public Econ* 93: 634 – 646.

[111] Ishida, J., Matsumura, T., and Matsushima, N., (2011): "Market competition, R&D and firm profits in asymmetric oligopoly," *The Journal of Industrial Economics*, 59: 484 – 505.

[112] Ito, T., (1992): The Japanese Economy: The MIT Press Johnson.

[113] Jacques, A., (2004): "Endogenous timing in a mixed oligopoly: a forgotten equilibrium," *Economics Letters* 83: 147 – 148.

[114] Jain, R., and Pal, R., (2012): "Mixed duopoly, cross-ownership and partial privatization," *Journal of Economics*, 107: 45 – 70.

[115] Janssen, M. C., Moraga-Gonzalez, J. L., (2004): "Strategic pricing, consumer search and the number of firms," *Review of Economic Studies*, 71: 1089 – 1118.

[116] Jovanovic, D., and Wey, C., (2014): "Passive partial ownership,

sneaky takeovers, and merger control," *Economic. Letters*, 125 (1): 32 – 35.

[117] Kamien M. I., Muller E., and Zang I., (1992): "Research joint ventures and R&D cartels," *American Economic Review*, 82 (5): 1293 – 1306.

[118] Kato, K., and Tomaru, Y., (2007): "Mixed Oligopoly, Privatization, Subsidization and the Order of Firm's Moves: Several Types of Objectives," *Economics Letters*, 96 (2): 287 – 292.

[119] Katz, M. L., and Shapiro, C., (1985): "On the licensing of innovations," *Rand Journal of Economics*, 16 (4): 504 – 520.

[120] Kesavayuth, D., and Zikos, V., (2013): "R&D versus output subsidies in mixed markets," *Economics Letters*, 118 (2): 293 – 296.

[121] Klein, B., Crawford R. G., and Alchian, A. A., (1978): "Vertical integration, appropriate rents and the competitive contracting process," *Journal of Law and Economics*, 21: 297 – 326

[122] Lee, J. Y., and Wang, L. F. S., (2018): "Foreign competition and optimal privatization with excess burden of taxation," *Journal of Economics*, 125 (2): 189 – 204.

[123] Liao, P. C., and Wong, K. Y., (2006): "Uniform versus discriminatory tariffs: when will export taxes be used," *Southern Economic Journal*, 72: 915 – 925.

[124] Lin M. S., and Matsumura, T., (2012): "Presence of foreign investors in privatized firms and privatization policy," *Journal of Economics*, 107: 71 – 80.

[125] Lin, M. S., and Matsumura, T., (2018): "Optimal privatization and uniform subsidy policies: A note," *Journal of Public Economic Theory*, 20: 416 – 423.

[126] Lu, Y., (2007): "Endogenous timing in a mixed oligopoly: another forgotten equilibrium," *Economics Letters*, 94: 226 – 227.

[127] Malueg, D. A., (1992): "Collusive behavior and partial ownership of rivals". *International Journal of Industrial Organization*, 10: 27 – 34.

[128] Mankiw, N. G., and Whinston, M. D., (1986): "Free entry and social inefficiency," *The Rand Journal of Economics*, 17: 48 – 58.

[129] Marjit, S., and Mukherjee, A., (2011): "Foreign competition and social efficiency of entry," Mimeo, University of Nottingham.

［130］ Mathews, R. D., (2006): "Strategic alliances, equity stakes, and entry Deterrence," *Journal of Financial Economics*, 80 (1): 35 – 79.

［131］ Matsushima, N., and Matsumura, T., (2003): "Mixed oligopoly and spatial agglomeration", Canadian Journal of Economics, 36: 62 – 87.

［132］ Matsumura T. (2003): "Stackelberg mixed duopoly with a foreign competitor," *Bulletin of Economic Research*, 55 (3): 275 – 287.

［133］ Matsumura T., and Matsushima, N. (2004): "Endogenous cost differentials between public and private enterprises: a mixed duopoly approach," *Economica*, 71 (284): 671 – 688.

［134］ Matsumura, T., (1998): "Partial privatization in mixed duopoly," *Journal of Public Economics*, 70: 473 – 483.

［135］ Matsumura, T., and Okumura, Y., (2013): "Privatization neutrality theorem revisited," *Economics Letters*, 118: 324 – 326.

［136］ Matsumura, T., and Tomaru, Y., (2013): "Mixed duopoly, privatization, and subsidization with excess burden of taxation," *Canadian Journal of Economics*, 46: 526 – 554.

［137］ Matsumura, T., and Tomaru, Y., (2015): "Mixed duopoly, location choice, and shadow cost of public funds," *Southern Economic Journal*, 82: 416 – 429.

［138］ Matsumura, T., and Tomaru, Y., (2012): "Market structure and privatization policy under international competition," *Japanese Economic Review*, 63 (2): 244 – 258.

［139］ Matsumura, T., and Kanda, O., (2005): "Mixed oligopoly at free entry markets," *Journal of Economics*, 84: 27 – 48.

［140］ Matsumura, T., and Okamura, M., (2006): "A note on the excess entry theorem in spatial markets," *International Journal of Industrial Organization*, 24: 1071 – 1076.

［141］ Merrill, W. C., and Schneider, N., (1966): "Government firms in oligopoly industries: a short run analysis," *Quarterly Journal of Economics*, 80: 400 – 412

［142］ Metzenbaum, H. M., (1993): "Antitrust enforcement: putting the consumers first," Health Affairs, 1993, 12 (3): 137 – 143.

[143] Miyagiwa, K., (1992): "International shareholdings and strategic export policy," *International Economic Journal*, 6: 37 - 42.

[144] Mukherjee, A., and Zhao, L., (2009): "Profit raising entry," *Journal of Industrial Economics*, 57 (4): 214 - 219.

[145] Mukherjee, A., (2012): "Social efficiency of entry with market leaders," *Journal of Economics and Management Strategy*, 21: 431 - 444.

[146] Mukherjee, A., & K. Suetrong (2009): "Privatization, strategic foreign direct investment and host-country welfare," *European Economic Review*, 53: 775 - 785.

[147] Mukherjee, A., and Mukherjee, S., (2005): "Foreign competition with licensing," *The Manchester School*, 73: 653 - 663.

[148] Mukherjee, A., and Sinha, A., (2014): "Can cost asymmetry be a rationale for privatization?" *International Review of Economics & Finance*, 29: 497 - 503.

[149] Mukherjee, A., and Mukherjee, S., (2008): "*Excess-entry theorem: the implications of licensing*," The Manchester School, 76: 675 - 689.

[150] Mukhopadhyay, S., Kabiraj, T., and Mukherjee, A., (1999): "Technology transfer in duopoly the role of cost asymmetry," *International Review of Economics and Finance*, 8 (4): 363 - 374.

[151] Myles, G., (2002): "Mixed oligopoly, subsidization, and the order of firm's moves: an irrelevance result for the general case," *Economics Bulletin*, 12 (1): 1 - 6.

[152] Niu, S., (2015): "Privatization in the presence of patent licensing," *Journal of Economics*, 116: 151 - 163.

[153] Niu, S., (2017): "Profifit-sharing licensing," *Journal of Economics*, 121: 267 - 278.

[154] Okuno-Fujiwara, M., and Suzumura, K., (1993): "Symmetric cournot oligopoly and economic welfare: a synthesis," *Economic Theory*, 3: 43 - 59.

[155] Osano, H., (1996): "Intercorporate shareholdings and corporate control in the japanese firm," *Journal of Banking and Finance*, (20): 1047 - 1068

[156] Pal, D., and White, M. D. (1998): "Mixed oligopoly, privatization,

and strategic trade policy," *Southern Economic Journal*, 65: 264 – 281.

[157] Pal, D., (1998): "Endogenous timing in a mixed oligopoly," *Economics Letters*, 61: 181 – 185.

[158] Pal, D., and Sarkar, J., (2001): "A Stackelberg oligopoly with nonidentical firms," *Bulletin of Economic Research*, 53: 127 – 134.

[159] Pepermans, G., and Willems, B., (2005): "The Potential Impact of Cross-Ownership in Transmission: An Application to the Belgian Electricity Market". K. U. Leuven Working Paper.

[160] Poddar, S., and Sinha, U. B., (2004): "On Patent Licensing in Spatial Competition," Economic Record, 80 (249): 208 – 218.

[161] Poyago-Theotoky, J., (2001): "Mixed Oligopoly, Subsidization, and the Order of Firm's Moves: An Irrelevance Result," Economics Bulletin, 12 (3): 1 – 5.

[162] Reitman, D., (1994): "Partial Ownership Arrangements and the Potential for Collusion". *Journal of Industrial Economics*, 42 (3): 313 – 322.

[163] Reynolds, R. J., and Snapp, B. R., (1986): "The competitive effects of partial equity interests and joint ventures," *International Journal of Industrial Organization*, 4 (2): 141 – 153.

[164] Rosenthal, R. W., (1980): "A model in which an increase in the number of sellers leads to a higher price," *Econometrica*, 48: 1575 – 1579.

[165] Salop, S. C., (1979): "Strategic entry deterrence," *American Economic Review*, 69 (2): 335 – 338.

[166] Salop, S. C., and O'Brien, D. P., (2000): "Competitive Effects of Partial Ownership: Financial Interest and Corporate Control". *Antitrust Law Journal*, 67 (3): 559 – 614.

[167] San Martin, Marta and Ana I. Saracho (2010): "Royalty licensing," *Economics Letters*, 207: 284 – 287.

[168] San Martin, M., and Saracho, A. I., (2015): "*Optimal two-part tariff licensing mechanisms*," Manchester School, 83 (3): 288 – 306.

[169] Schweinberger, A., and Vosgerau, H. (1997): "Foreign-owned capital

and endogenous tariffs," *Review of International Economics*, 5: 1 – 19.

[170] Sen, D., and Tauman, Y., (2007): "General licensing schemes for a cost-reducing innovation," *Games and Economic Behavior*, 59: 163 – 186.

[171] Shapiro, C., (1989): "Theory of oligopoly behavior," *Handbook of Industrial Organization*, 1: 329 – 414.

[172] Stuhmeier, T., (2016): "Competition and corporate control in partial ownership acquisitions," *Journal of Industry, Competition and Trade*, 16 (3): 297 – 308.

[173] Sun, Q. Y., Zhang, A., and Li, J., (2005), "As study of optimal state shares in mixed oligopoly: Implications for SOE reform and foreign competition," *China Economic Review* 16 (1): 1 – 27.

[174] Suzumura, K. (2012): "Excess entry theorems after 25 years," *Japanese Economic Review*, 63 (2): 152 – 170.

[175] Suzumura, K., and Kiyono, K. (1987): "Entry barriers and economic welfare," *Review of Economic Studies*, 54: 157 – 167.

[176] Tomaru, Y. (2006): "Mixed oligopoly, partial privatization and subsidization," *Economics Bulletin*, 12 (5): 1 – 6.

[177] Tomaru, Y., and Wang, L. F. S. (2018): "Optimal privatization and subsidization policy in mixed oligopoly: Relevance of an efficiency gap," *Journal of Institutional and Theoretical Economics*, 174: 189 – 203.

[178] Tomaru, Y., and Saito, M. (2010): "Mixed Duopoly, Privatization and Subsidization in an Endogenous Timing Framework," *The Manchester School*, 78 (1): 41 – 59.

[179] Van Long, N., and Stahler, F., (2009): "Trade policy and mixed enterprises," *Canadian Journal of Economics*, 42: 590 – 614.

[180] Van Long, N., and Soubeyran, A., (2001): "International cross ownership and strategic trade policies," *Review of International Economics*, 9: 1 – 15.

[181] Vishwasrao, S., (2007): "Royalties Vs. Fees: How Do Firms Pay for Foreign Technology?" *International Journal of Industrial Organization*, 25 (4): 741 – 759.

［182］Wang, L. F. S., and Chen, T. L. (2010):"Do cost efficiency gap and foreign competitors matter concerning optimal privatization policy at the free entry market?" *Journal of Economics*, 100: 33 – 49.

［183］Wang, L. F. S., and Chen, T. L. (2011a):"Mixed oligopoly, optimal privatization and foreign penetration," *Economic Modelling*, 28: 1465 – 1470.

［184］Wang, L. F. S., and Chen, T. L. (2011b):"Privatization, efficiency gap, and subsidization with excess taxation burden," *Hitotsubashi Journal of Economics*, 52: 55 – 68.

［185］Wang L. F. S., and Lee J. Y. (2013):"Foreign penetration and undesirable competition," Econ Model, 30: 729 – 732.

［186］Wang, L. F. S., Lee, J. Y., and Hsu, C. C. (2014):"Privatization, foreign competition, and social efficiency of free entry," *International Review of Economics & Finance*, 31: 138 – 147.

［187］Wang, L. F. S., and Mukherjee, A. (2012):"Undesirable competition," *Economics Letters*, 114: 175 – 177.

［188］Wang, L. F. S., Wang, Y. C., and Zhao, L. (2009):"Privatization and efficiency gain in an international mixed oligopoly with asymmetric costs," *Japanese Economic Review*, 60: 539 – 559.

［189］Wang, L. F. S., Wang, Y. C., and Zhao, L. (2012):"Tariff policy and welfare in an international duopoly with consumer-friendly initiative," *Bulletin of Economic Research*, 64: 56 – 64.

［190］Wang, X. H. (1998):"Fee versus royalty licensing in a Cournot duopoly model," *Economics Letters*, 60: 55 – 62.

［191］Wang, X. H. (2002):"Fee versus royalty licensing in a differentiated Cournot duopoly," *Journal of Business Economics*, 54: 253 – 266.

［192］Wang, X. H. and Yang, B. (1999):"On licensing under bertrand competition," *Australian Economic Papers*, 38: 106 – 119.

［193］Wen, M., and Sasaki, D. (2001):"Would excess capacity in public firms be socially optimal," *Economic Record*, 77: 283 – 290.

［194］White, M. D. (1996):"Mixed oligopoly, privatization and subsidization," *Economics Letters*, 53: 189 – 195.

[195] Williamson, O. E., (1979): "Transaction Cost Economics: The Governance of Contractual Relations", *Journal of Law and Economics*, October, (22), 233 – 261.

[196] Xu, L., and Lee, S. H. (2018): "Environmental policies with excess burden of taxation in free-entry mixed markets," *International Review of Economics and Finance*, 58: 1 – 13.

[197] Xu, L., Lee, S. H., and Wang, L. F. S. (2016): "Free trade agreements and privatization policy with an excess burden of taxation," *Japan and World Economy*, 37 – 38: 55 – 64.

[198] Xu, L., Lee, S. H., and Matsumura, T. (2017): "Ex-ante versus ex-post privatization policies with foreign penetration in free-entry mixed markets," *International Review of Economics and Finance*, 50: 1 – 7.